GUITAR
PICTURE CHORDS

OVER 400 GUITAR CHORDS IN FULL COLOR!
THE BEST PICTURE-CHORD BOOK FOR ANY GUITARIST.

IN COLOR

Project editor: Ed Lozano
Photography by Randall Wallace
Interior design and layout: Mark Bridges

Order No. AM 971344
US International Standard Book Number: 0.8256.1893.2
UK International Standard Book Number: 0.7119.8971.0

Exclusive Distributors:
Music Sales Corporation
257 Park Avenue South, New York, NY 10010 USA
Music Sales Limited
8/9 Frith Street, London W1D 3JB England
Music Sales Pty. Limited
120 Rothschild Street, Rosebery, Sydney, NSW 2018, Australia

Printed in the United States of America by
Vicks Lithograph and Printing Corporation

Amsco Publications
New York/London/Paris/Sydney/Copenhagen/Madrid

Chord Frames

The frames used to illustrate the chords are very easy to read. The frame depicts a portion of the guitar's fretboard. The vertical lines represent the strings of the guitar with the thickest strings to the left and the thinnest strings to the right. The horizontal lines represent the frets. The nut of the guitar is represented by the thick horizontal bar at the top of the diagram. The dots that appear in the frames illustrate where you should place your fingers. An ✖ above the top line indicates that the string should be muted or not played while an O above the top line indicates that the string should be played open. Small dots represent notes that are optional.

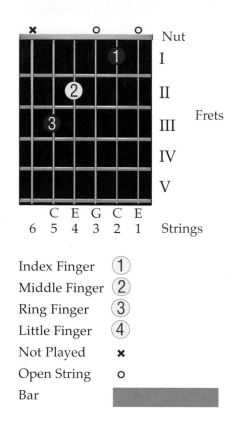

Index Finger	①
Middle Finger	②
Ring Finger	③
Little Finger	④
Not Played	✖
Open String	o
Bar	

C

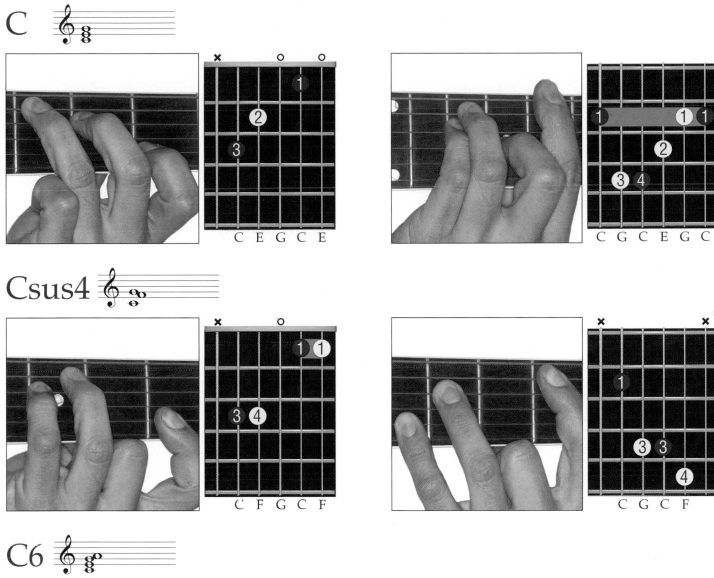

C E G C E

C G C E G C   VIII

Csus4

C F G C F

C G C F   III

C6

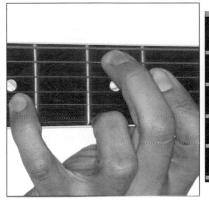 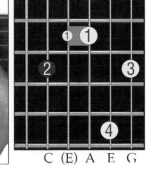 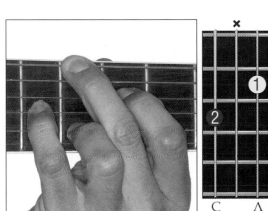

C (E) A E G

C A E G   VIII

C⁶₉

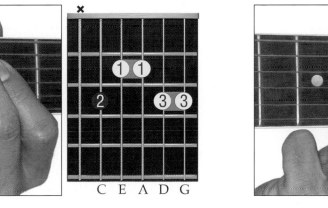 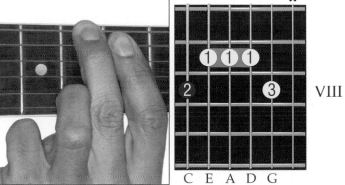

C E A D G

C E A D G   VIII

C

Cmaj7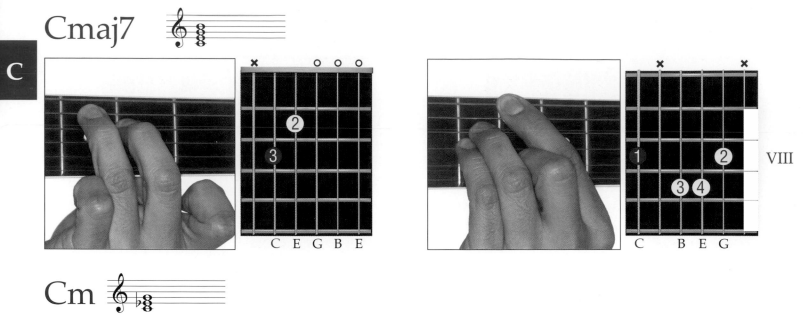

C E G B E

C B E G — VIII

Cm

C Eb G C

(G) C G C Eb G

Cm6

C A Eb G

C A Eb G — VIII

Cm7

C G Bb Eb G

C Bb Eb G — VIII

C

Cm(maj)7

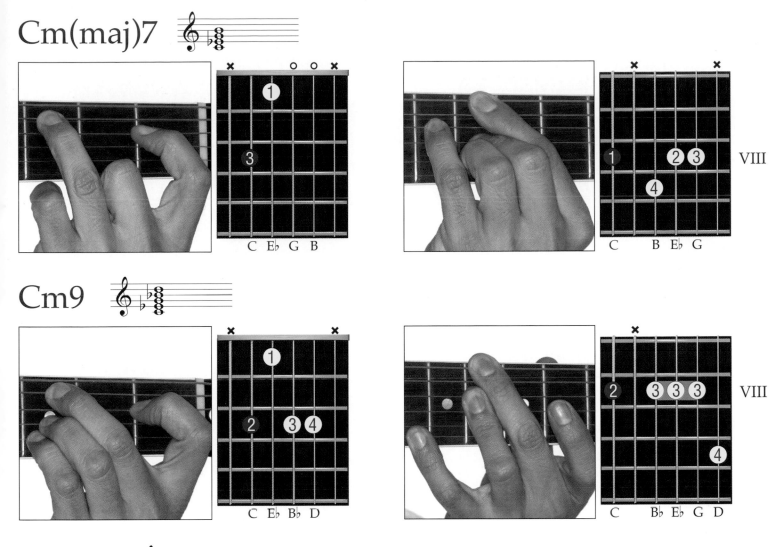

C Eb G B

C B Eb G

VIII

Cm9

C Eb Bb D

C Bb Eb G D

VIII

Cm7b5

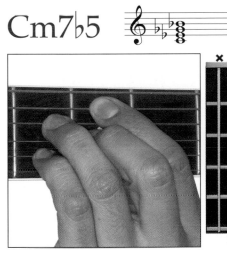

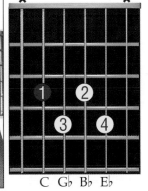

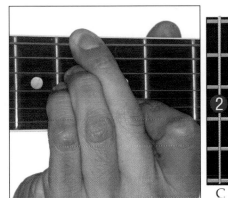

C Gb Bb Eb

C Bb Eb Gb

VIII

C°7

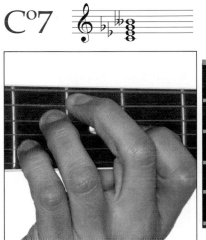

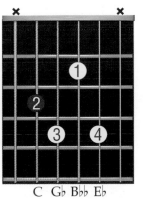

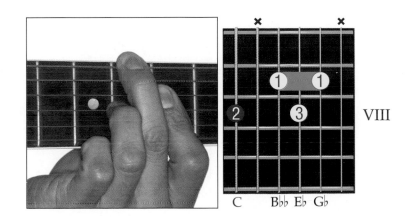

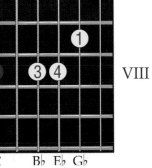

C Gb Bbb Eb

C Bbb Eb Gb

VIII

C

C7

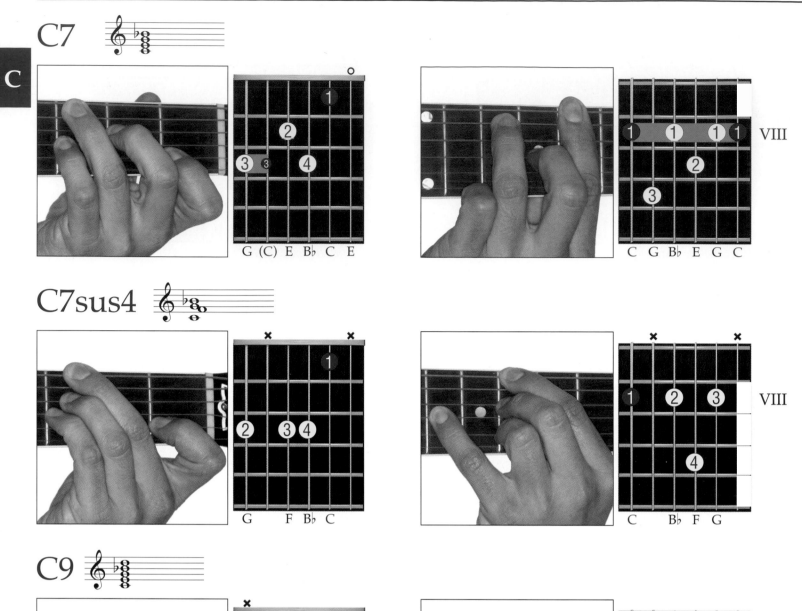

G (C) E B♭ C E

C G B♭ E G C

C7sus4

G F B♭ C

C B♭ F G

C9

C E B♭ D G

C G B♭ E G D

C9sus4

C F B♭ D G

C B♭ D F (B♭)

C#

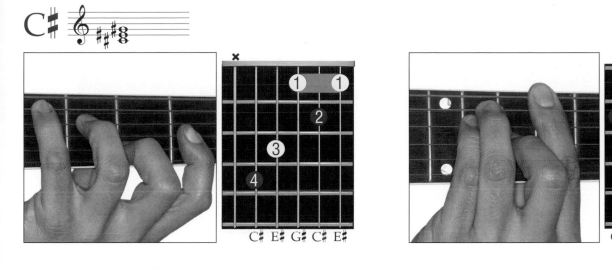

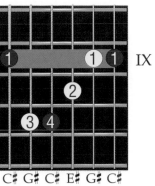

C# E# G# C# E#

C# G# C# E# G# C#

C#sus4

IV

C# G# C# F#

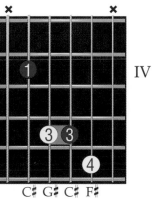

IX

C# G# C# F# G# C#

C#6

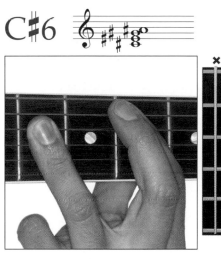

IV

C# G# C# E# A#

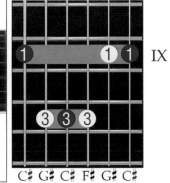

IX

C# A# E# G#

C#6/9

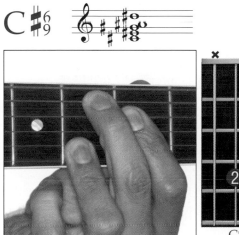

C# E# A# D# G#

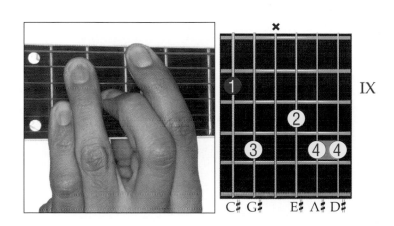

IX

C# G# E# A# D#

C♯maj7

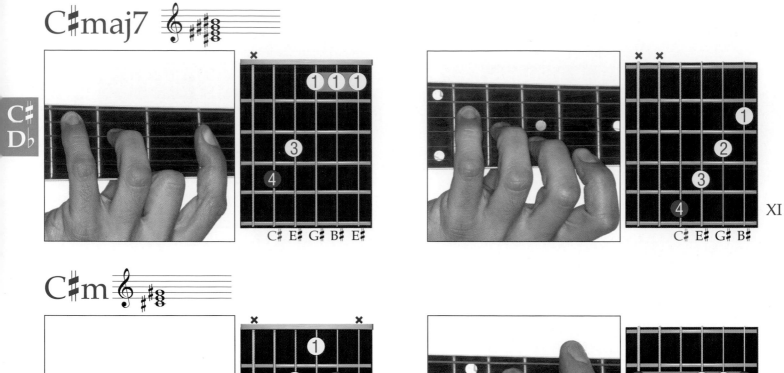

C♯ E♯ G♯ B♯ E♯

C♯ E♯ G♯ B♯   XI

C♯m

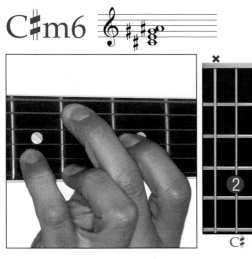

C♯ E G♯ C♯

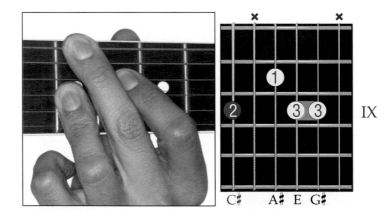

C♯ G♯ C♯ E G♯ C♯   IX

C♯m6

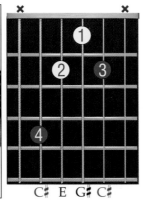

C♯ A♯ E G♯

C♯ A♯ E G♯   IX

C♯m7

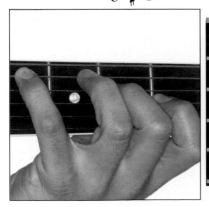

C♯ E G♯ B E

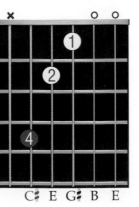

C♯ G♯ B E B C♯   IX

C#m(maj7)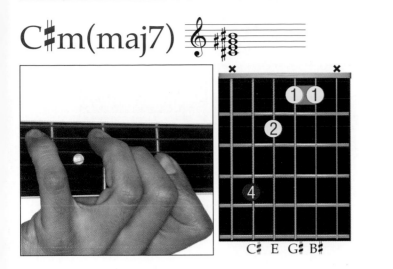

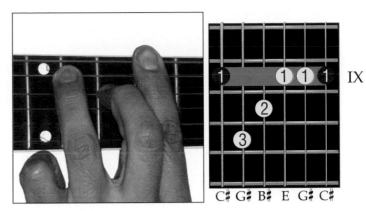

C# E G# B#

C# G# B# E G# C#

C#m9

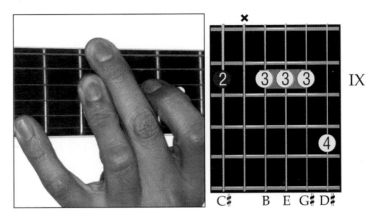

C# E B D#

C# B E G# D#

C#m7♭5

C# G B E

C# B E G

C#°7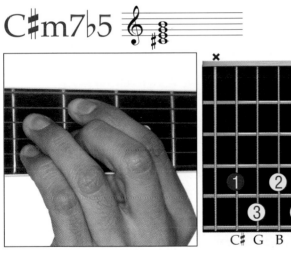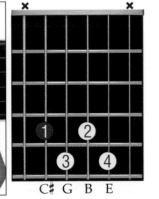

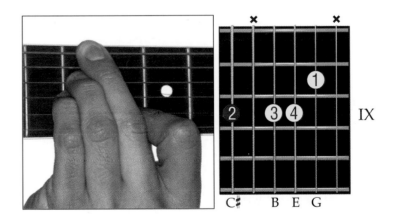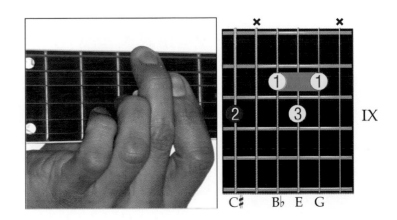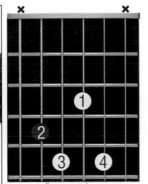

C# G B♭ E

C# B♭ E G

C#
D♭

C#7

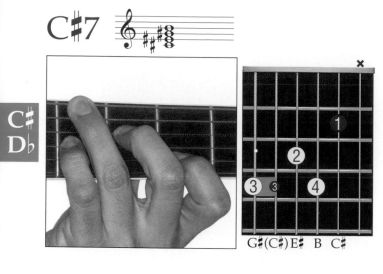
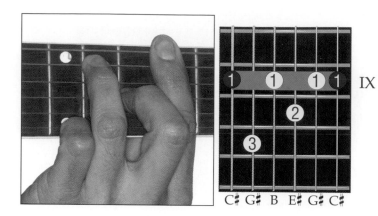

G#(C#)E# B C#

C# G# B E# G# C#

C#7sus4

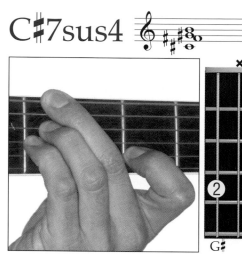
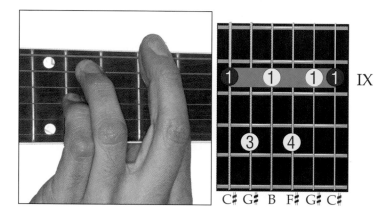

G# F# B C#

C# G# B F# G# C#

C#9

C# E# B D# G#

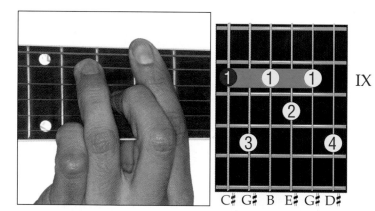

C# G# B E# G# D#

C#9sus4

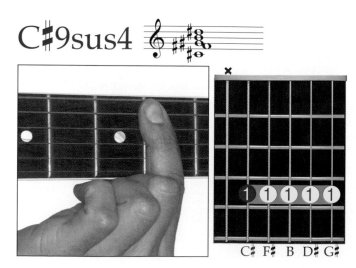

C# F# B D# G#

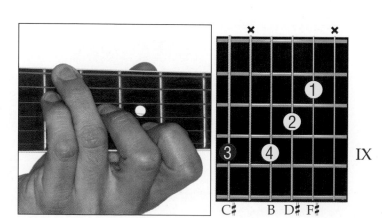

C# B D# F#

D

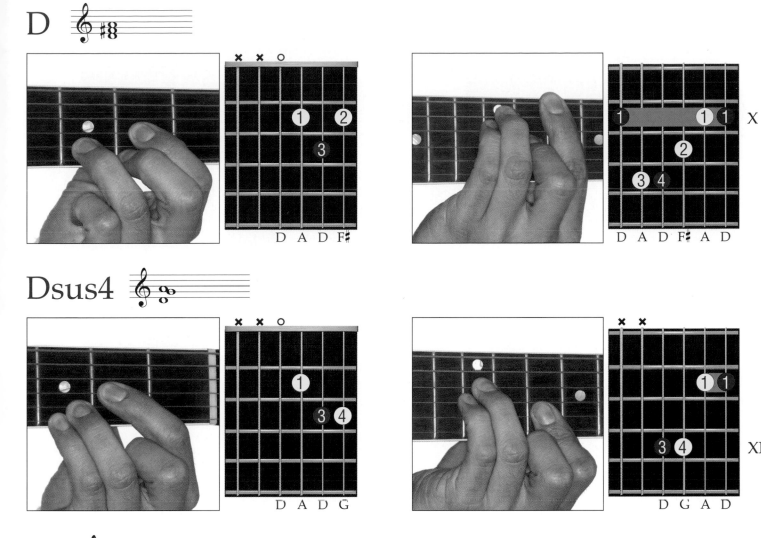

D A D F#

D A D F# A D   X

Dsus4

D A D G

D G A D   XII

D6

D A B F#

D (F#) B F# A   V

D⁶₉

D F# A B E

D F# B E A   X

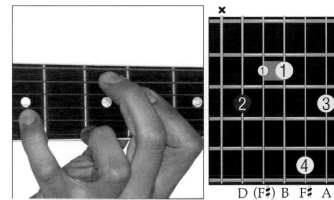
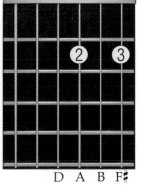
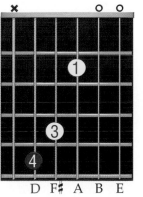
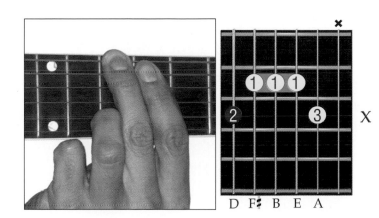
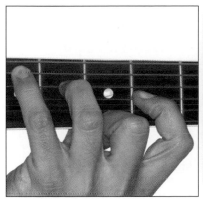

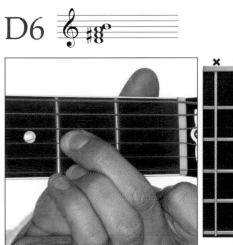

D

D

Dmaj7

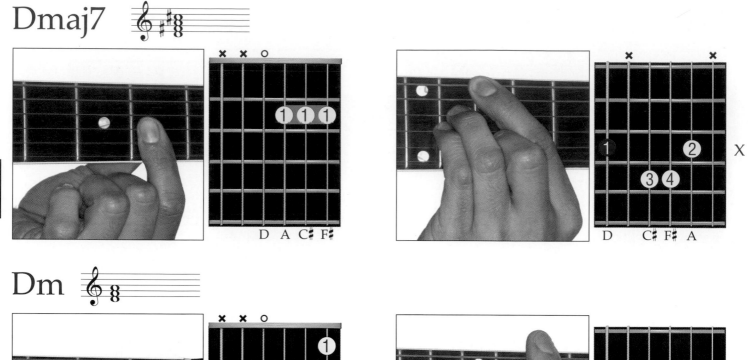

D A C# F#

D C# F# A X

Dm

D A D F

D A D F A D X

Dm6

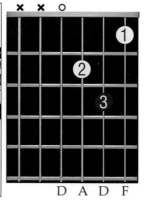

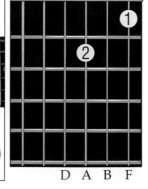

D A B F

D B F A V

Dm7

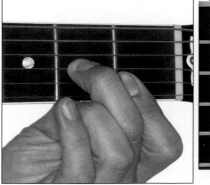

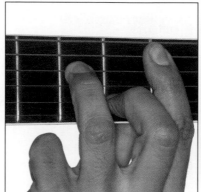

D A C F

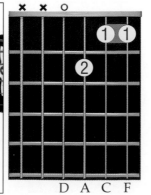

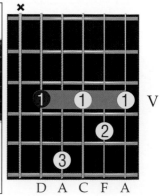

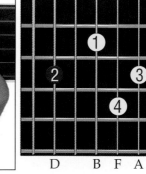

D A C F A V

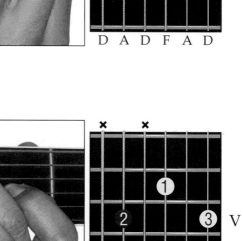

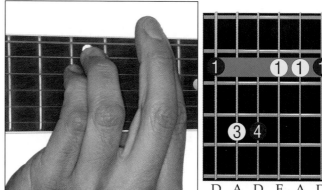

Dm(maj7)

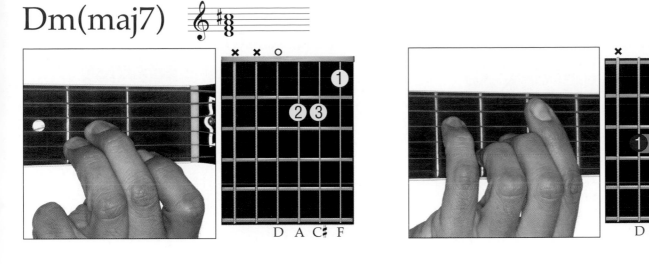

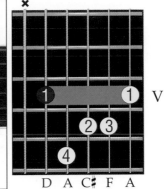

D A C# F

D A C# F A

V

Dm9

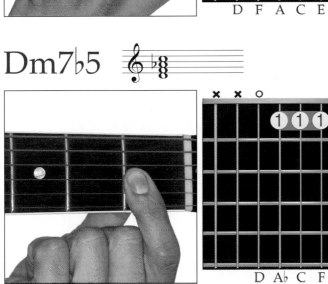

D F A C E

D A C F C E

X

Dm7♭5

D A♭ C F

D A♭ C F

V

D°7

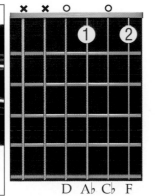

D A♭ C♭ F

D C♭ F A♭

V

D

D7

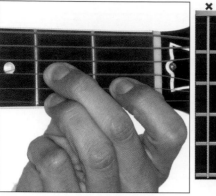 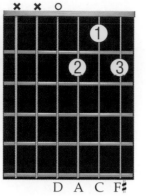

D A C F#

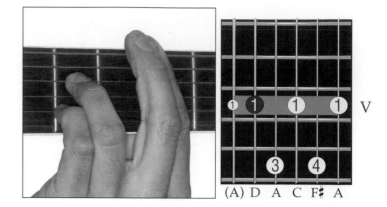 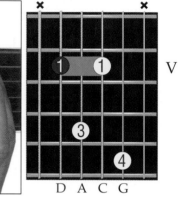

(A) D A C F# A

D7sus4

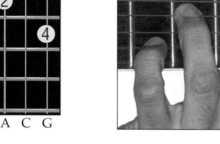

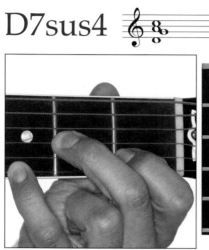 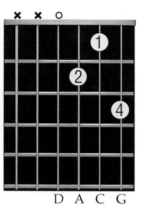

D A C G

D A C G

D9

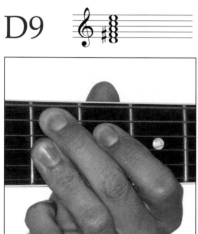 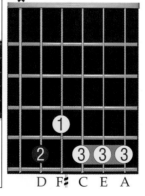

D F# C E A

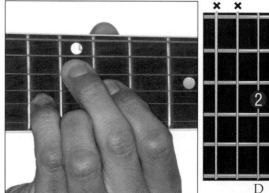 

XII

D F# C E

D9sus4

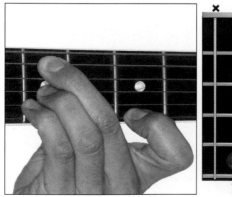 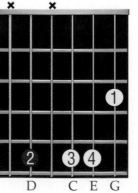

D C E G

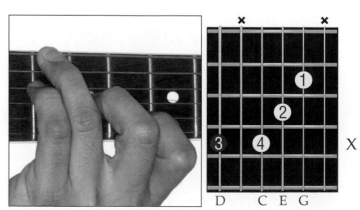

X

D C E G

E♭

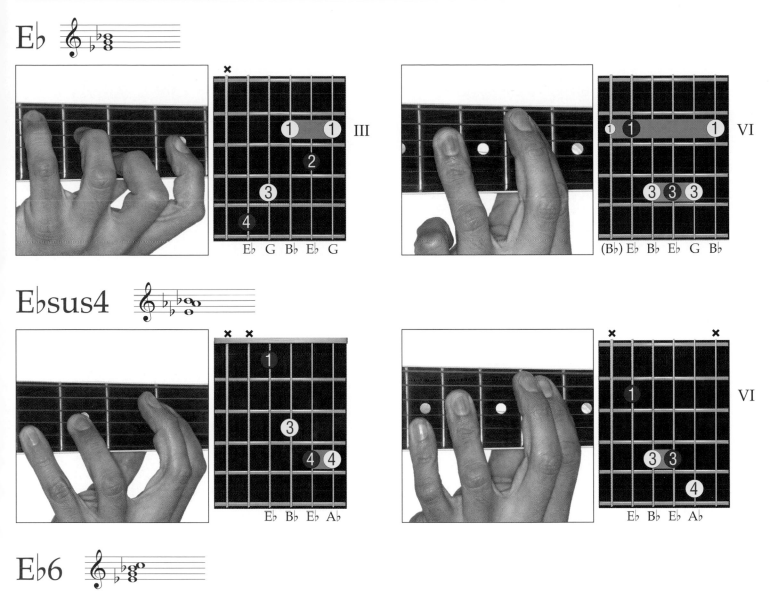

E♭ G B♭ E♭ G III

(B♭) E♭ B♭ E♭ G B♭ VI

E♭sus4

E♭ B♭ E♭ A♭

E♭ B♭ E♭ A♭ VI

E♭6

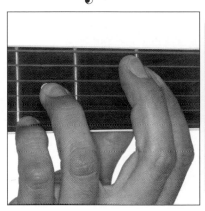

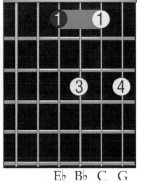

E♭ B♭ C G

E♭ B♭ E♭ G C VI

E♭⁶₉

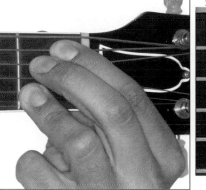

B♭ E♭ G C F

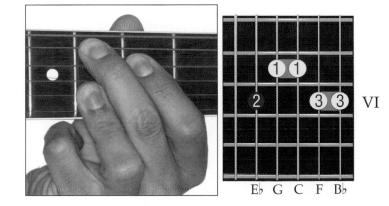

E♭ G C F B♭ VI

E♭
D#

E♭maj7

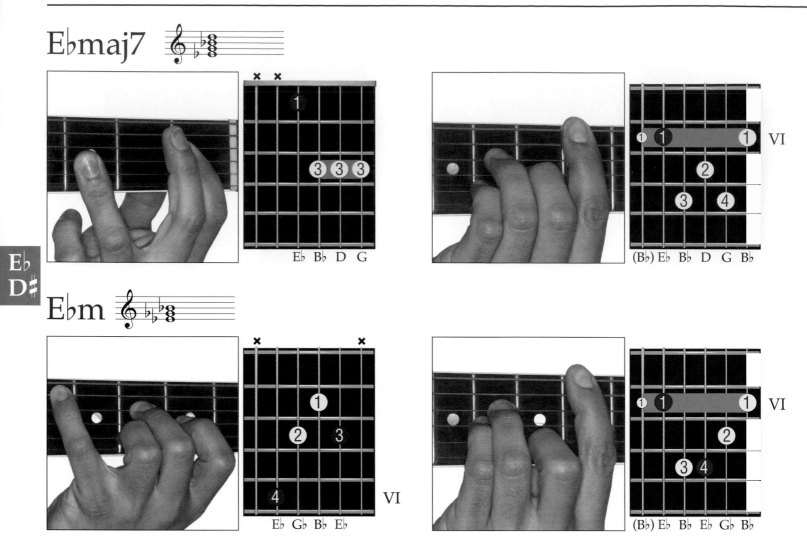

Eb Bb D G

(Bb) Eb Bb D G Bb

E♭m

Eb Gb Bb Eb

(Bb) Eb Bb Eb Gb Bb

E♭m6

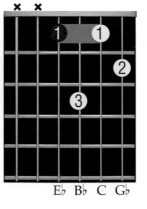
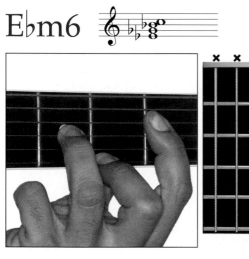
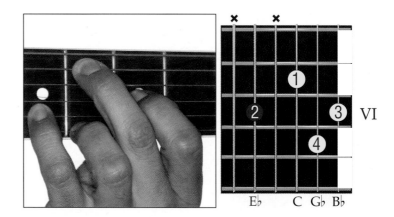

Eb Bb C Gb

Eb C Gb Bb

E♭m7

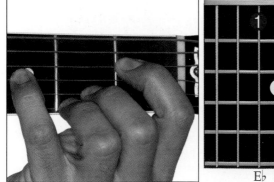

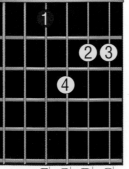
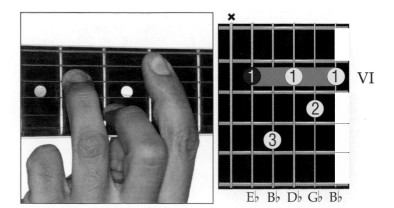

Eb Bb Db Gb

Eb Bb Db Gb Bb

E♭m(maj7)

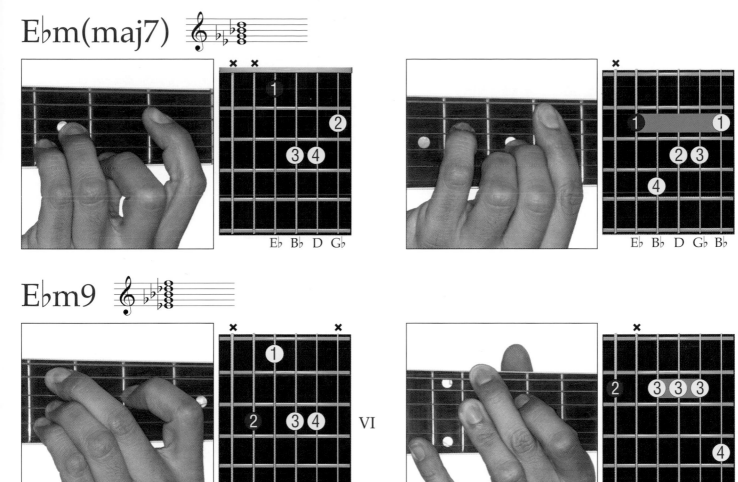

Eb Bb D Gb

Eb Bb D Gb Bb — VI

E♭m9

Eb Gb Db F — VI

Eb Db Gb Bb F — XI

E♭m7♭5

Eb Bbb Db Gb

Eb Bbb Db Gb — VI

E♭°7

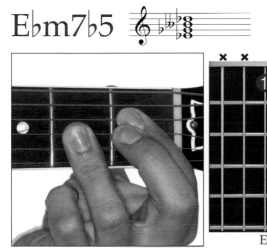

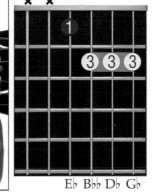

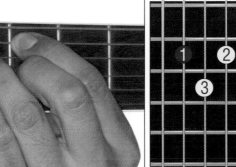

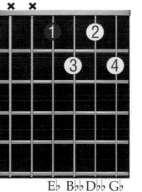

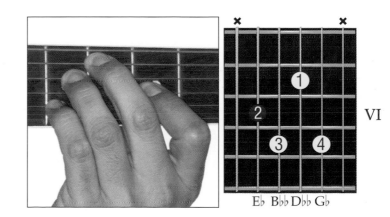

Eb Bbb Dbb Gb

Eb Bbb Dbb Gb — VI

E♭
D♯

E♭7

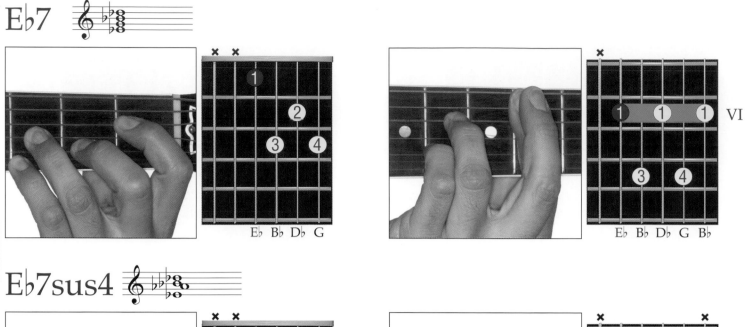

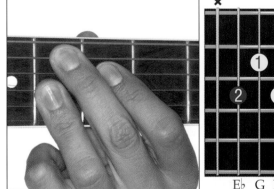

Eb Bb Db G

Eb Bb Db G Bb — VI

E♭7sus4

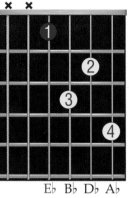

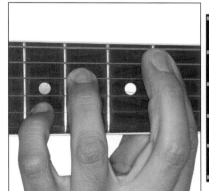

Eb Bb Db Ab

Eb Bb Db Ab — VI

E♭9

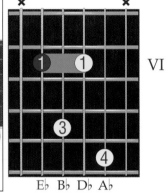

Eb G Db F

Eb G Db F Bb — VI

E♭9sus4

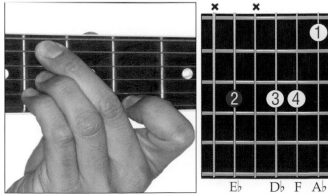

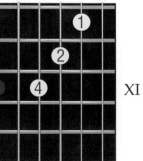

Eb Db F Ab — VI

Eb Db F Ab — XI

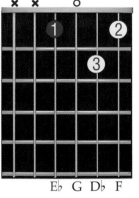

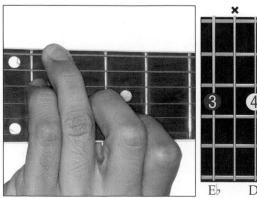

E

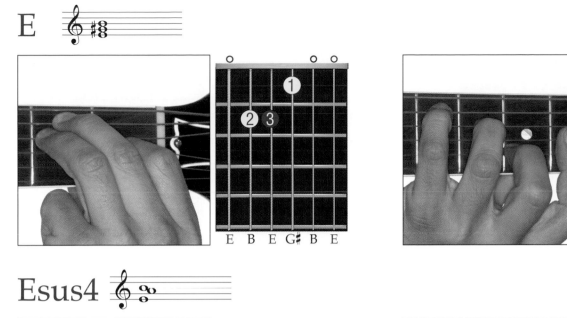

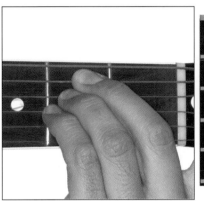

E B E G# B E

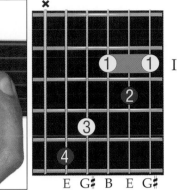

E G# B E G#
IV

Esus4

E B E A B E

E B E A E A

E6

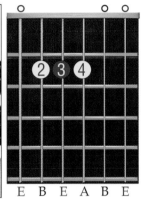

E C# E G# B E

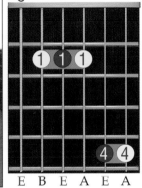

E B C# G#

E$_9^6$

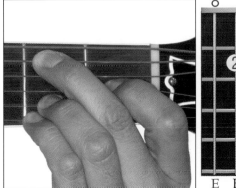

E B G# C# F#

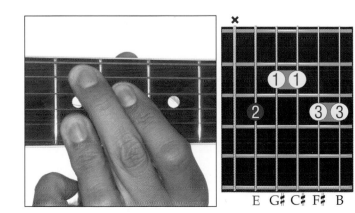

E G# C# F# B
VII

Emaj7

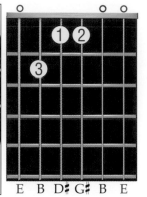
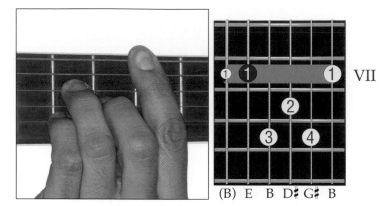

E B D# G# B E

(B) E B D# G# B VII

Em

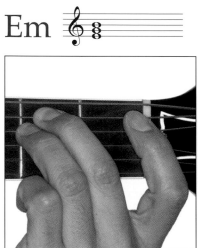

E B E G B E

E B E G

Em6

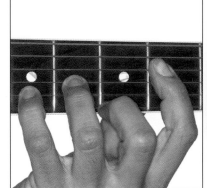
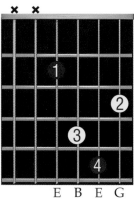

E C# E G B E

E B G C# VII

Em7

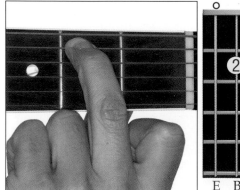
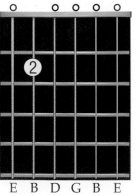
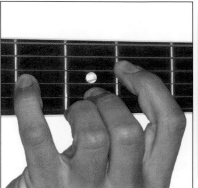
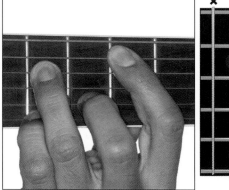

E B D G B E

E B D G

E

Em(maj7)

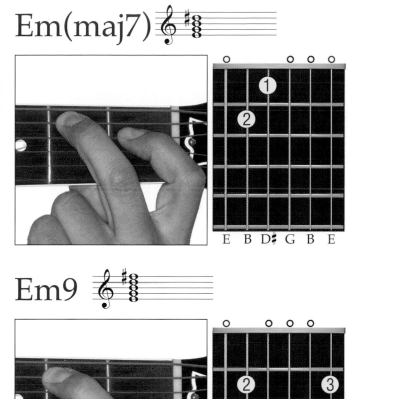

E B D♯ G B E

E B D♯ G

Em9

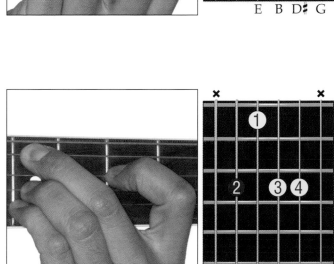

E B D G B F♯

E G D F♯   VII

Em7♭5

E B♭ D G

E B♭ D G   VII

E°7

E B♭ D♭ G

E B♭ D♭ G   VII

E

E

E7

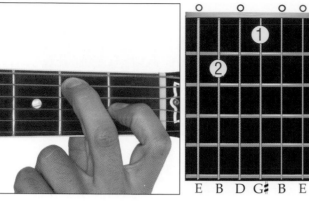

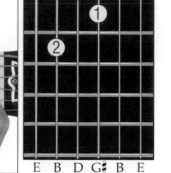

E B D G# B E

×   VII

E B E G# D

E7sus4

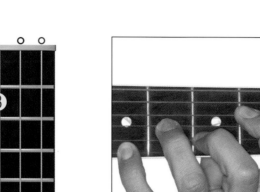

E B D A B E

E B D A

E9

× ×

E G# D F#

× VII

E G# D F# B

E9sus4

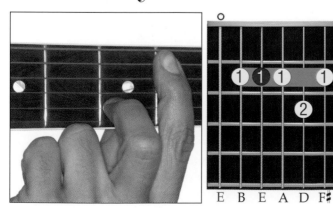

E B E A D F#

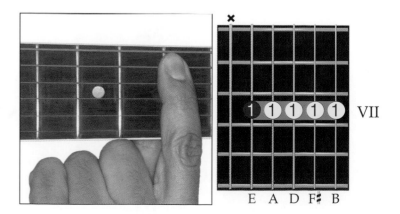

× VII

E A D F# B

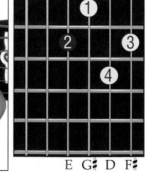

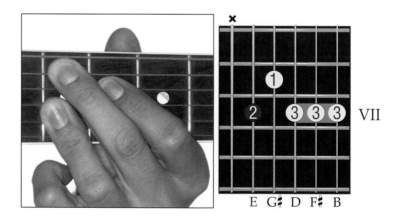

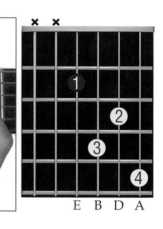

F

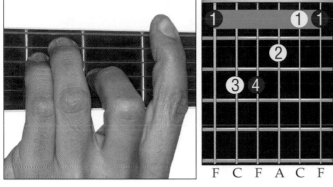

F C F A C F

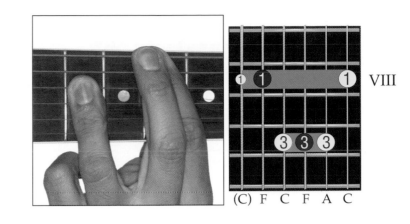

VIII

(C) F C F A C

Fsus4

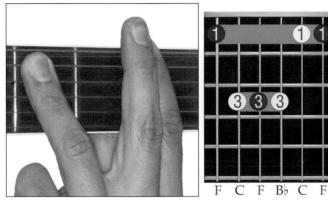

F C F B♭ C F

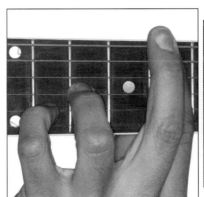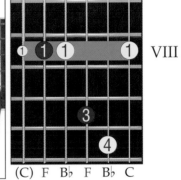

VIII

(C) F B♭ F B♭ C

F6

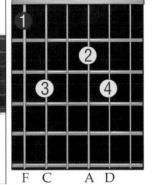

F C A D

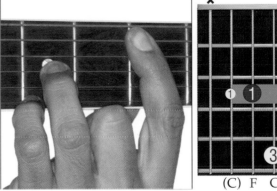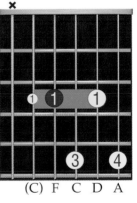

(C) F C D A

F$^6_9$

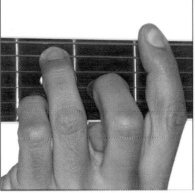

F A D G C F

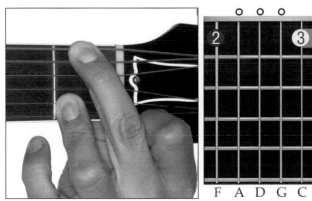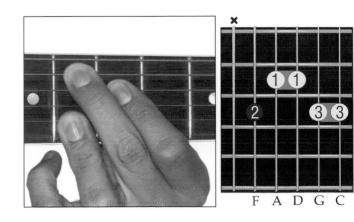

VIII

F A D G C

F

F

Fmaj7

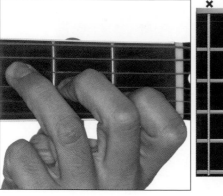
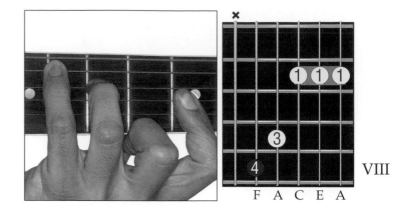

F A C E

× × ○

F A C E A

VIII

Fm

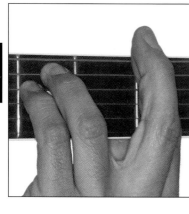

F C F A♭ C F

(C) F C F A♭ C

VIII

Fm6

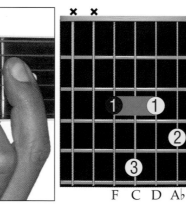
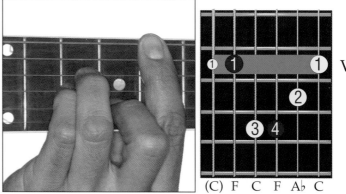

F C D A♭

F D A♭ C

VIII

Fm7

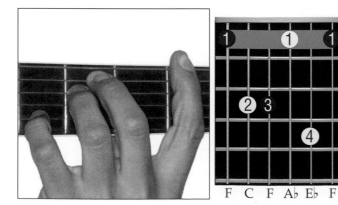
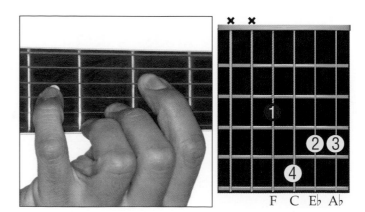

F C F A♭ E♭ F

× ×

F C E♭ A♭

Fm(maj7)

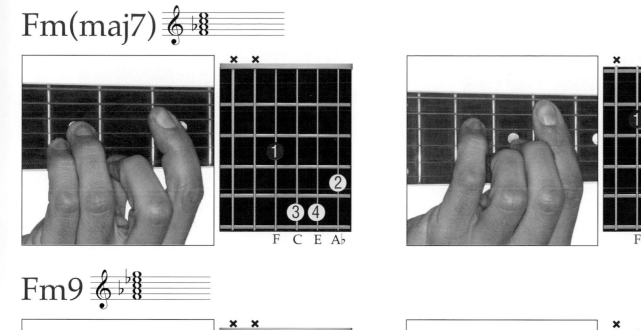

F C E A♭

F C E A♭ C

VIII

Fm9

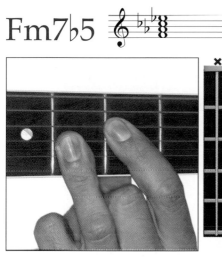

F A♭ E♭ G

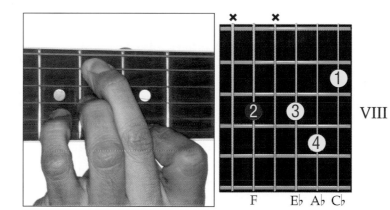

F A♭ E♭ G

VIII

Fm7♭5

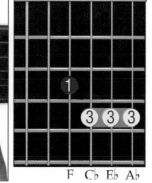

F C♭ E♭ A♭

F E♭ A♭ C♭

VIII

F°7

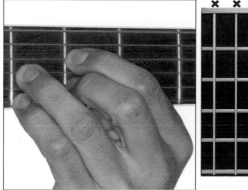

F C♭ E♭♭ A♭

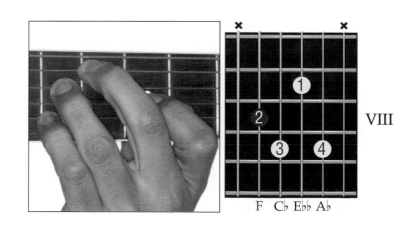

F C♭ E♭♭ A♭

VIII

F

F7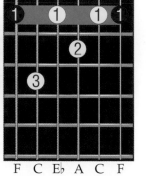

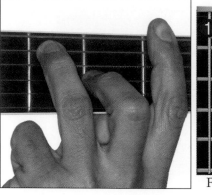

F C E♭ A C F

(C) F C E♭ A

F7sus4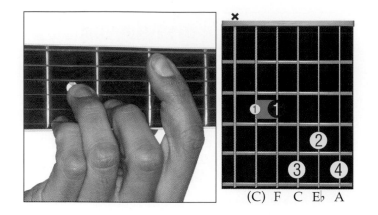

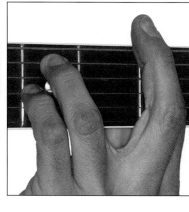

F C E♭ B♭ C F

F C E♭ B♭

VIII

F9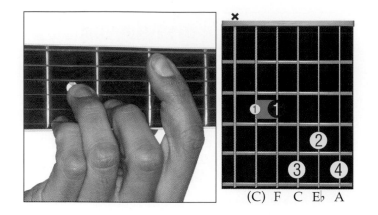

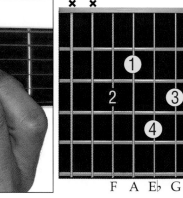

F A E♭ G

F A E♭ G C

VIII

F9sus4

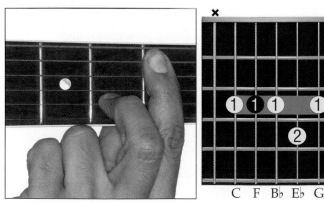

C F B♭ E♭ G

F B♭ E♭ G C

VIII

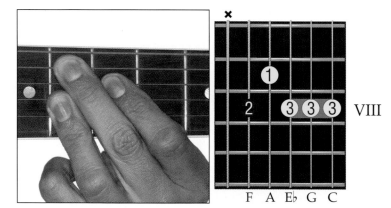
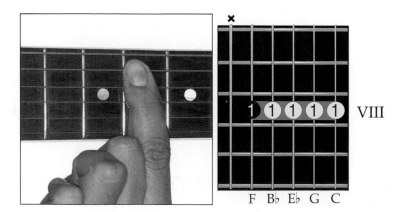
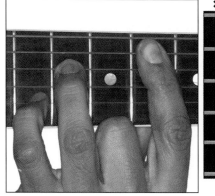

F♯

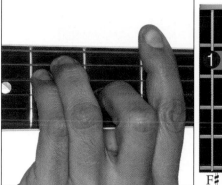

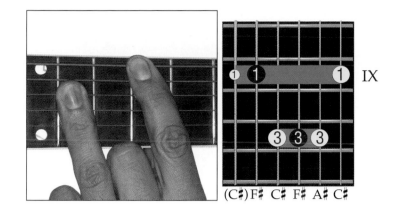

F♯ C♯ F♯ A♯ C♯ F♯

(C♯) F♯ C♯ F♯ A♯ C♯   IX

F♯sus4

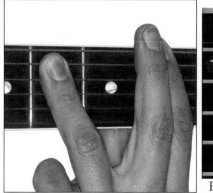

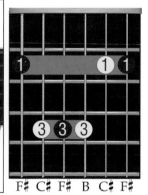

F♯ C♯ F♯ B C♯ F♯

(C♯) F♯ B F♯ B C♯   IX

F♯
G♭

F♯6

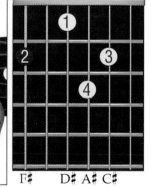

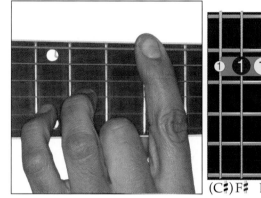

F♯   D♯ A♯ C♯

F♯ C♯ D♯ A♯   IX

F♯ 6/9

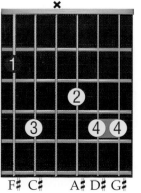

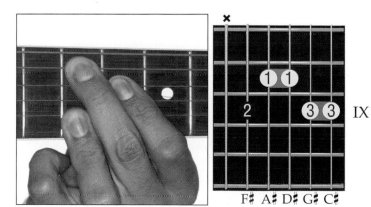

F♯ C♯   A♯ D♯ G♯

F♯ A♯ D♯ G♯ C♯   IX

F#maj7

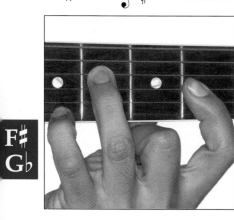
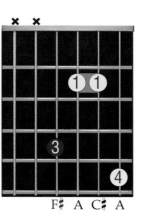

F# A# C# E#

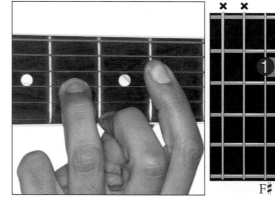

(C#) F# C# E# A# C#   IX

F#m

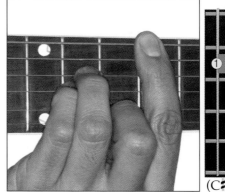

F# A C# A

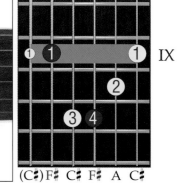

(C#) F# C# F# A C#   IX

F#m6

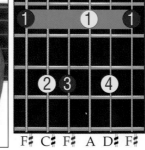

F# C# F# A D# F#

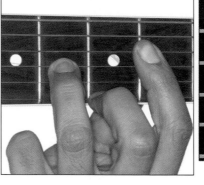
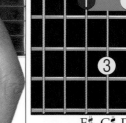

F# C# D# A   IV

F#m7

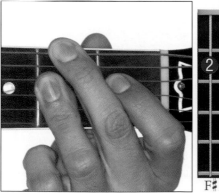

F# E A C#

F# C# E A   IV

F#
Gb

F#m(maj7)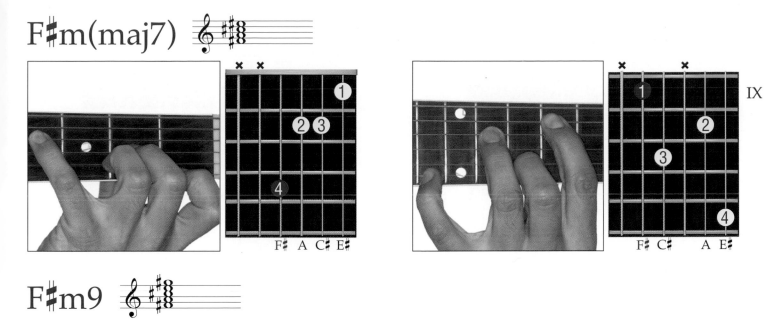

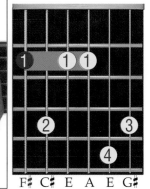

F# A C# E#

F# C# A E#

IX

F#m9

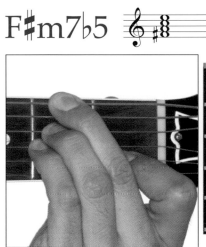

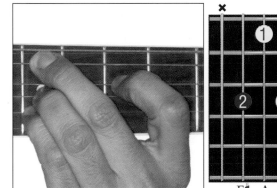

F# C# E A E G#

F# A E G#

IX

F#m7b5

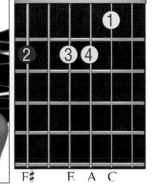

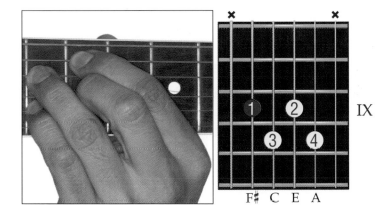

F# E A C

F# C E A

IX

F#°7

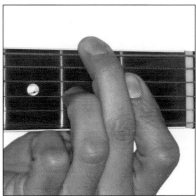

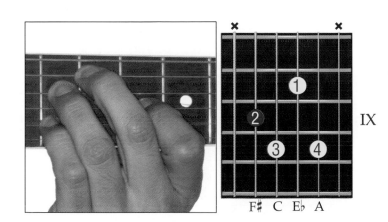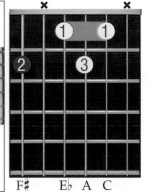

F# Eb A C

F# C Eb A

IX

F♯7

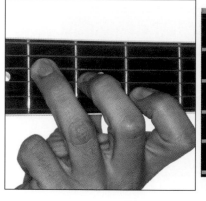
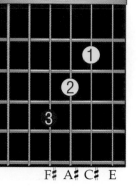

F♯ A♯ C♯ E

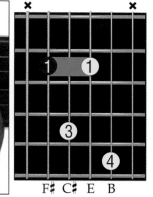

F♯ C♯ F♯ A♯ E

IX

F♯7sus4

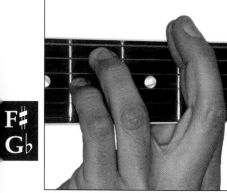
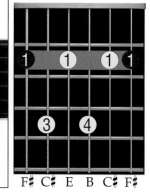

F♯ C♯ E B C♯ F♯

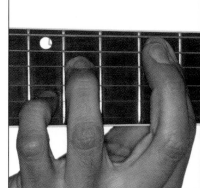

F♯ C♯ E B

IX

F♯9

F♯ C♯ E A♯ C♯ G♯

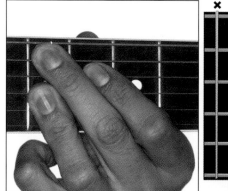
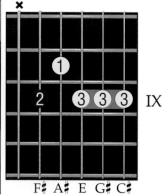

F♯ A♯ E G♯ C♯

IX

F♯9sus4

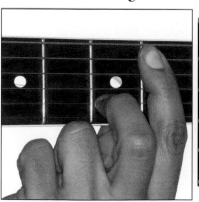
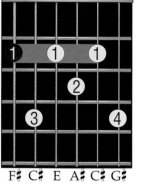

C♯ F♯ B E G♯

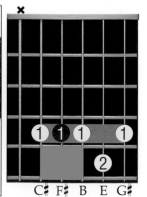
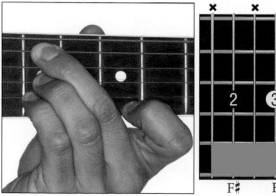
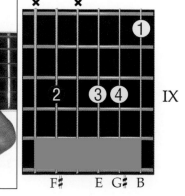

F♯ E G♯ B

IX

F♯
G♭

G

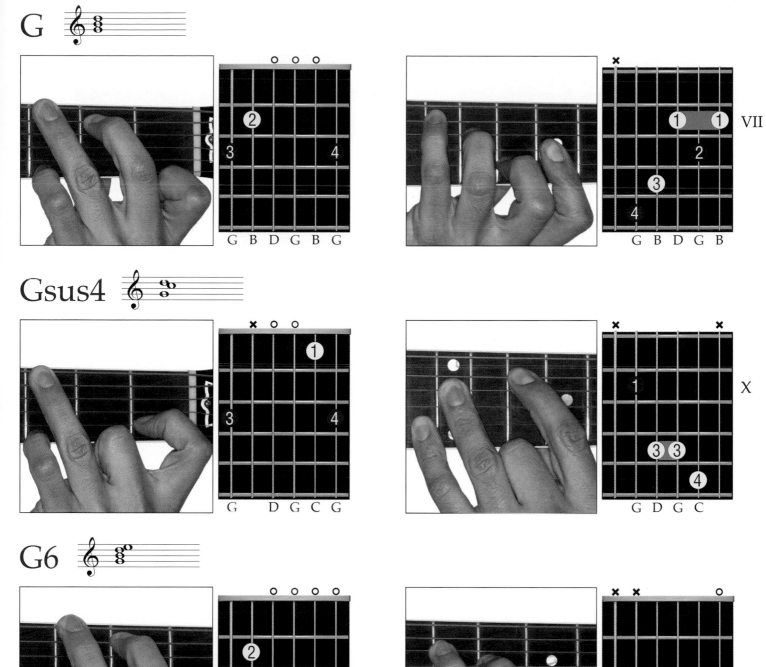

G

G B D G B G

× VII

G B D G B

Gsus4

G D G C G

× X

G D G C

G6

G B D G B E

× ×

G B D E

G⁶₉

G D A B E

× X

G B E A D

Gmaj7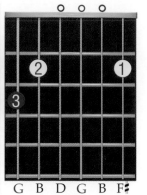

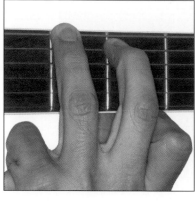

G B D G B F#

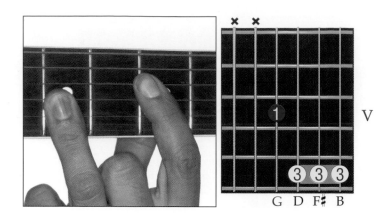

G D F# B — V

Gm

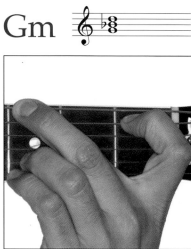

G Bb D G D G

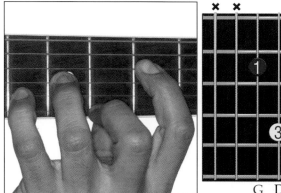

G D G Bb — V

Gm6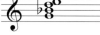

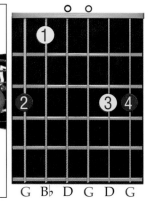

G E Bb D

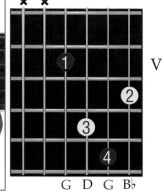

G D E Bb — X

Gm7

G F Bb D

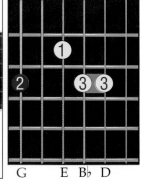

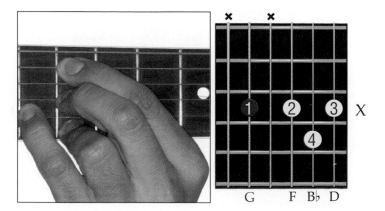

G F Bb D — X

G

Gm(maj7)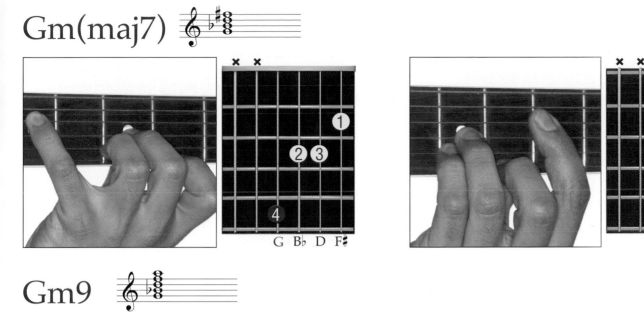

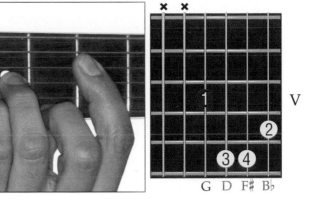

G Bb D F#

G D F# Bb

V

Gm9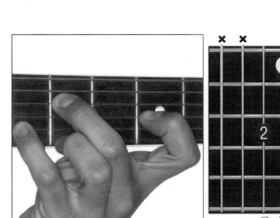

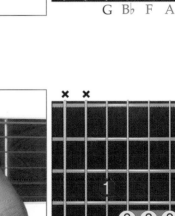

G F Bb D A

G Bb F A

V

G

Gm7b5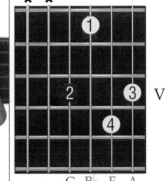

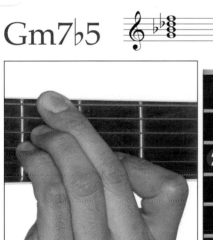

G F Bb Db

G Db F Bb

V

G°7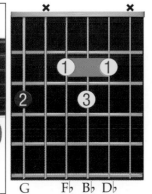

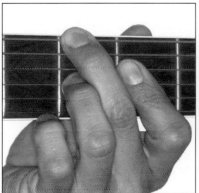

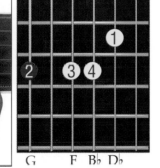

G Fb Bb Db

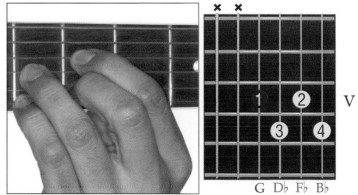

G Db Fb Bb

V

G7

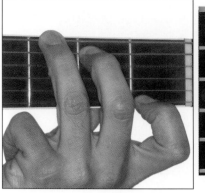
G B D G B F

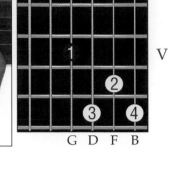
G D F B
V

G7sus4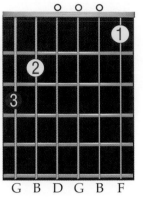

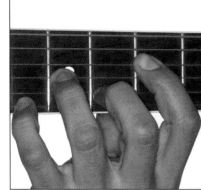
G C D G C F

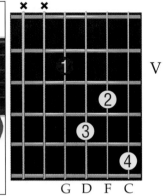
G D F C
V

G9

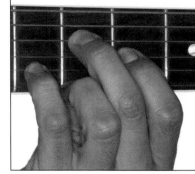
G D A B F

G B F A
V

G9sus4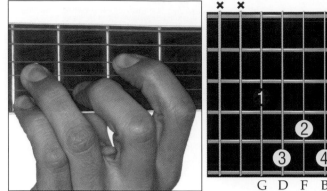

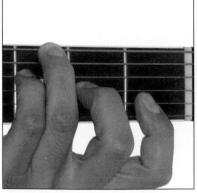
G F A C F

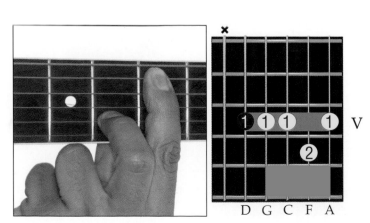
D G C F A
V

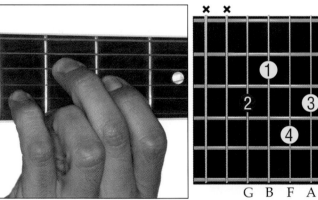

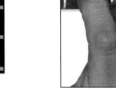

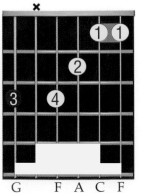

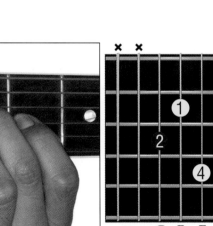

G

A♭

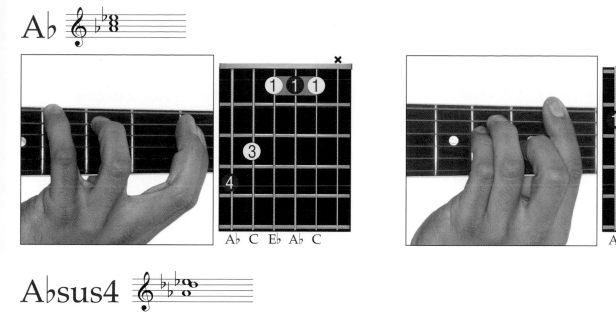

Ab C Eb Ab C

Ab Eb Ab C Eb Ab   IV

A♭sus4

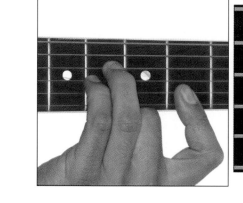
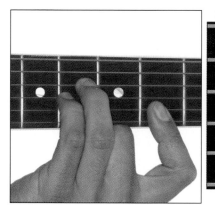

Eb Ab Db Ab

Ab Db Eb Ab   VI

A♭6

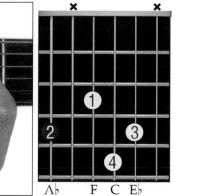
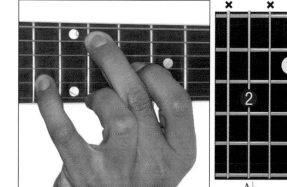

A♭ F C E♭

A♭ F C E♭   XI

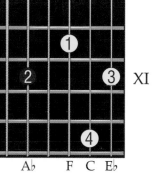

A♭ / G♯

A♭⁶/₉

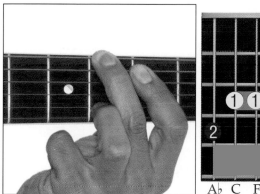
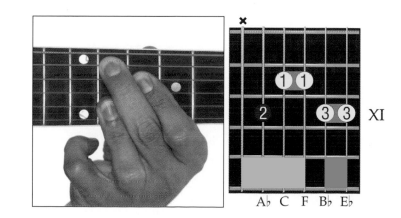

A♭ C F B♭ E♭

A♭ C F B♭ E♭   XI

A♭maj7

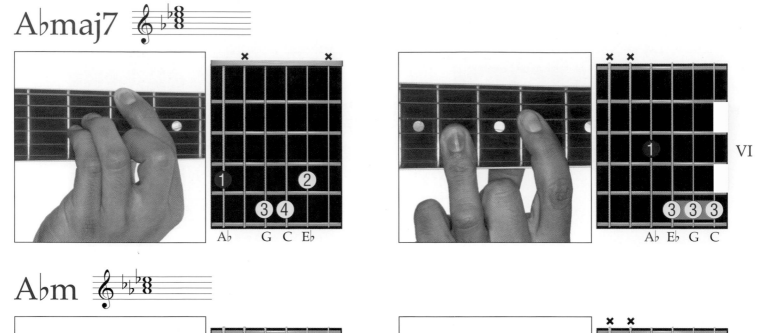

A♭m

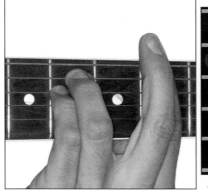

A♭ Eb A♭ C♭ Eb A♭   IV

A♭m6

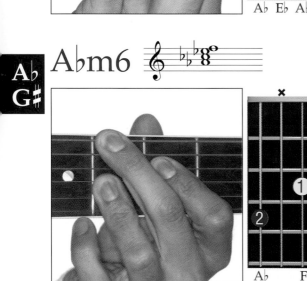

A♭ F C♭ Eb

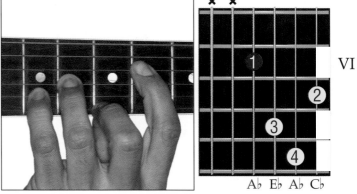

A♭ Eb F C♭   VI

A♭m7

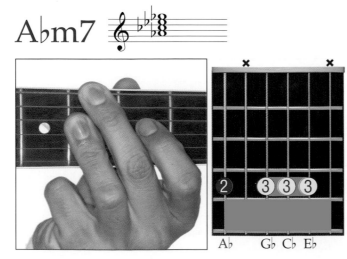

A♭ G♭ C♭ Eb

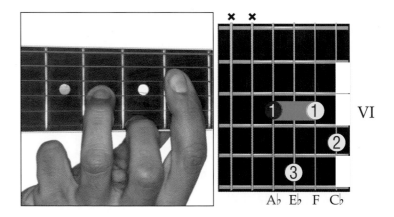

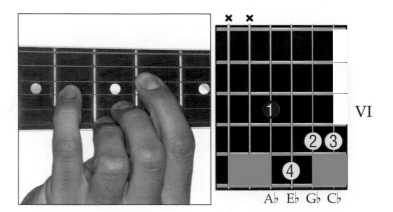

A♭ Eb G♭ C♭   VI

A♭m(maj7)

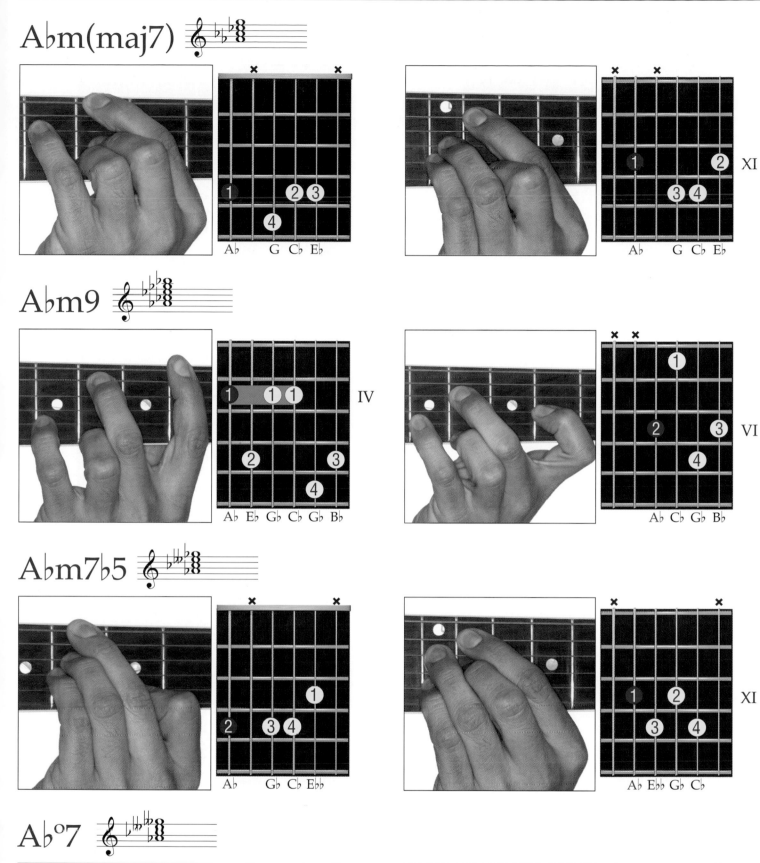

A♭m9

A♭m7♭5

A♭°7

A♭7

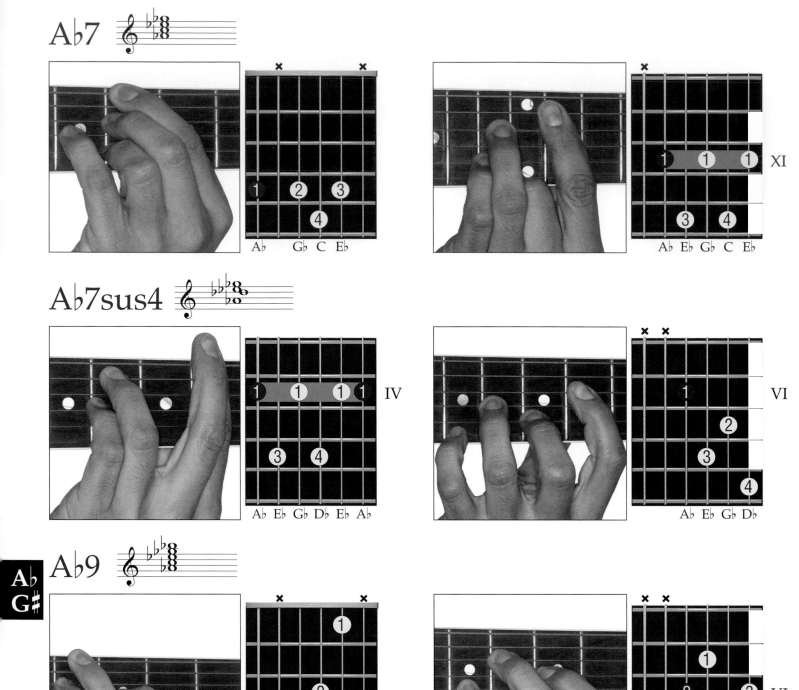

A♭7sus4

A♭9

A♭ / G♯

A♭9sus4

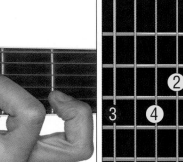
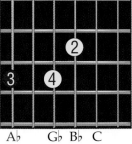
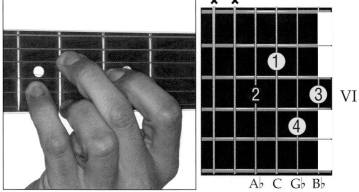
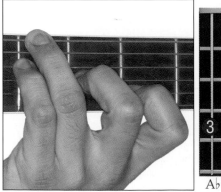
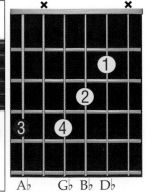
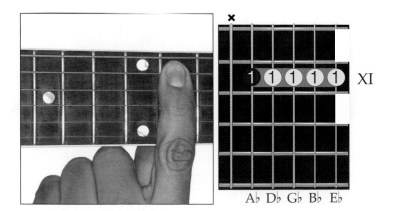

A

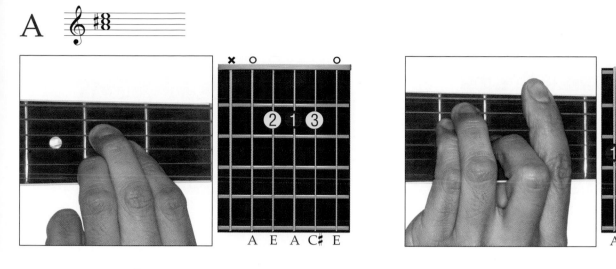

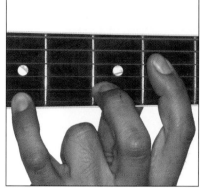
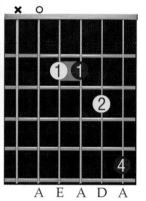

A E A C♯ E

A E A C♯ E A — V

Asus4

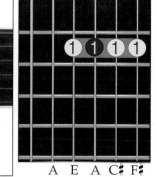

A E A D A

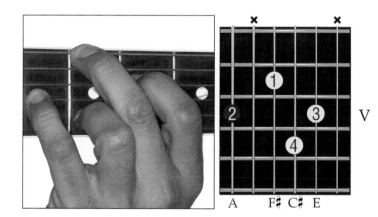

A D E A — V

A6

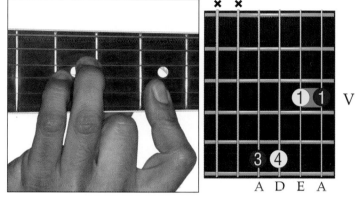

A E A C♯ F♯

A F♯ C♯ E — V

A⁶₉

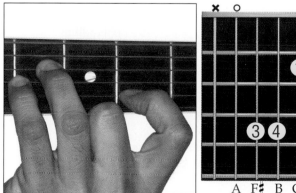
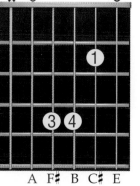

A F♯ B C♯ E

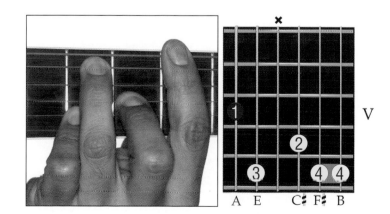

A E C♯ F♯ B — V

A

Amaj7

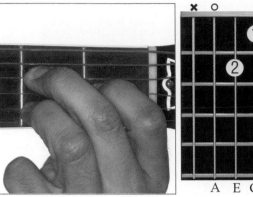

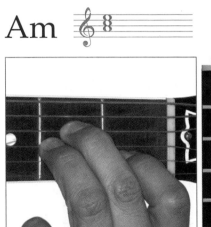

A E G♯ C♯ E

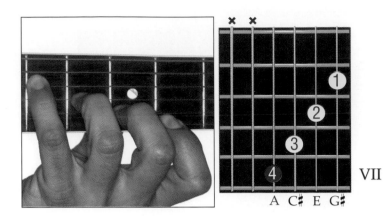

A C♯ E G♯

VII

Am

A E A C E

A E A C E A

V

Am6

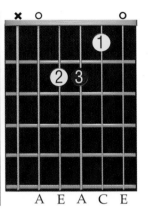

A E A C F♯

A E A C F♯ A

V

Am7

A E A C G

A E G C G A

V

Am(maj7)

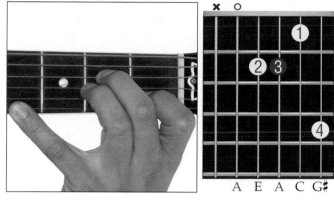

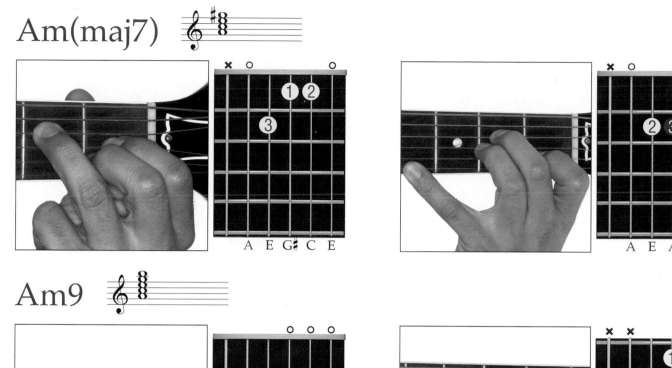

A E G# C E

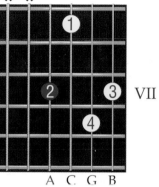

A E A C G#

Am9

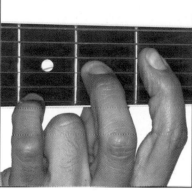

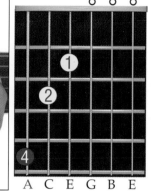

A C E G B E

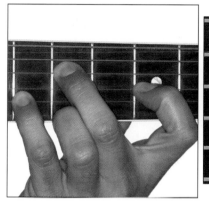

VII

A C G B

Am7♭5

A E♭ A C G

V

A E♭ G C G

A°7

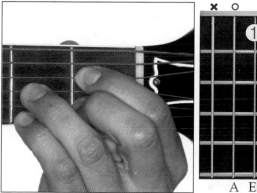

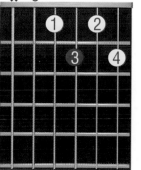

A E♭ A C G♭

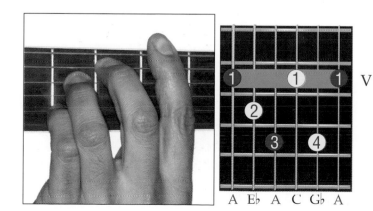

V

A E♭ A C G♭ A

A

A7

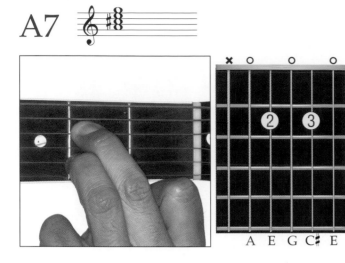

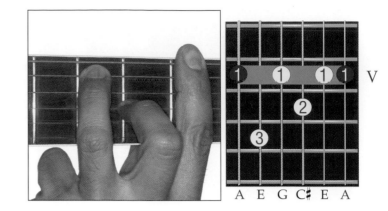

A E G C# E

A E G C# E A

A7sus4

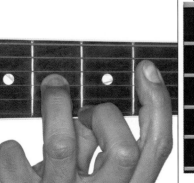

A E G D E

A E D G

A9

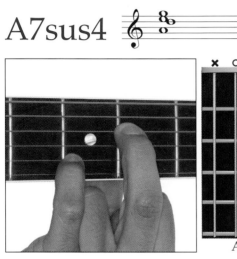

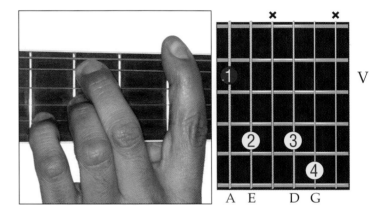

A E B C# G

A C# G B E

A9sus4

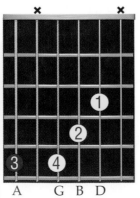

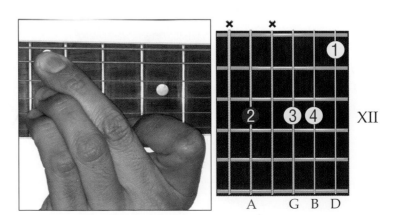

A G B D

A G B D

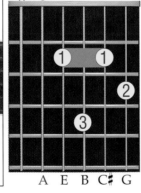

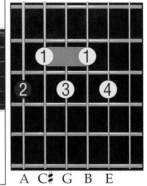

A

B♭

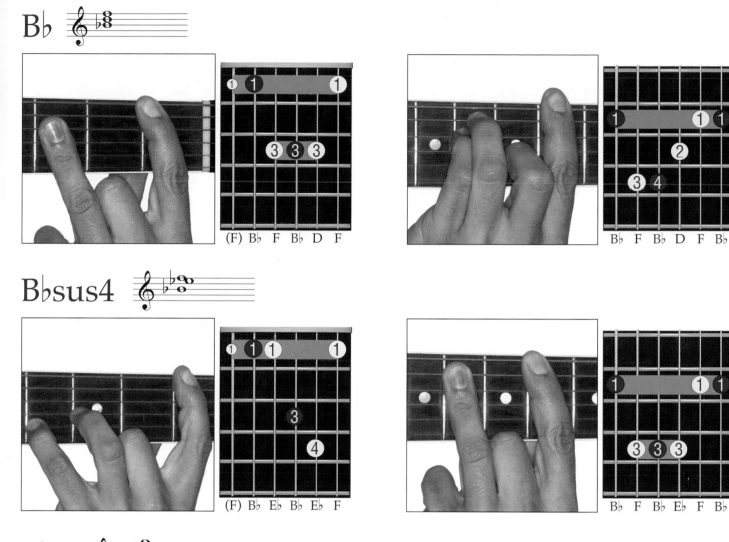

(F) B♭ F B♭ D F

B♭ F B♭ D F B♭ VI

B♭sus4

(F) B♭ E♭ B♭ E♭ F

B♭ F B♭ E♭ F B♭ VI

B♭6

B♭ D G D F

B♭ G D F VI

B♭ 6/9

B♭ D G C F

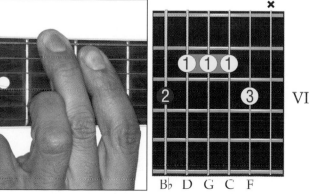

B♭ D G C F VI

B♭
A♯

Bbmaj7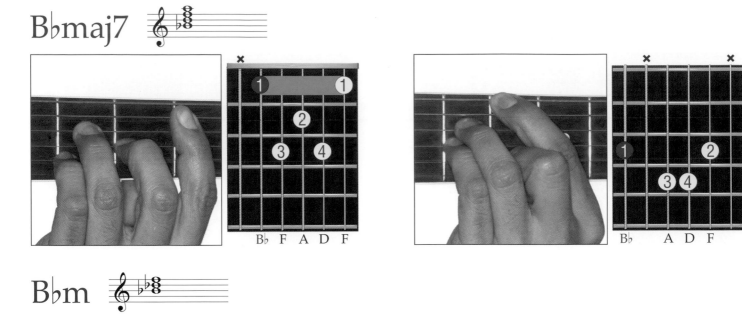

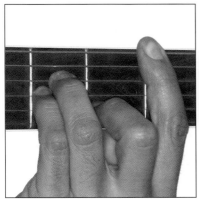

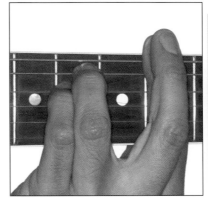

Bb F A D F

Bb A D F

VI

Bbm

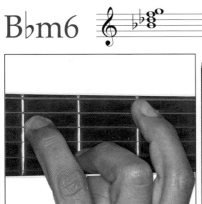

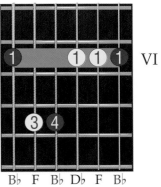

(F) Bb F Bb Db F

Bb F Bb Db F Bb

VI

Bbm6

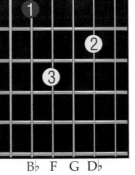

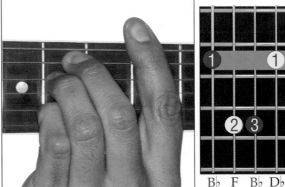

Bb F G Db

Bb F Bb Db G Bb

VI

Bbm7

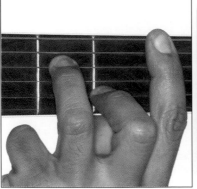

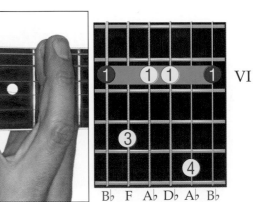

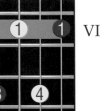

(F) Bb F Ab Db F

Bb F Ab Db Ab Bb

VI

Bb
A#

B♭m(maj7)

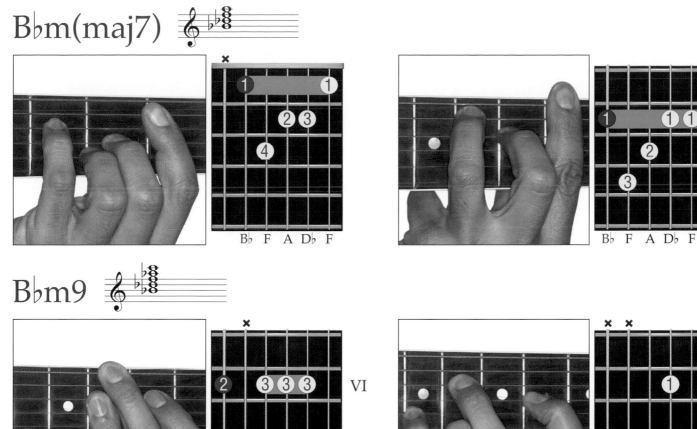

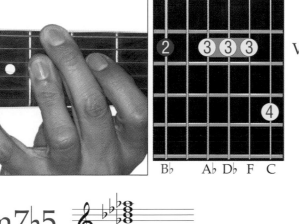

Bb F A Db F

Bb F A Db F Bb — VI

B♭m9

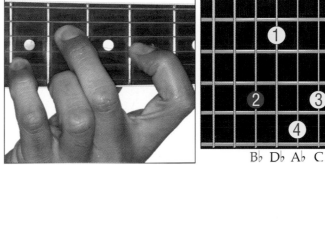

Bb Ab Db F C — VI

Bb Db Ab C — VIII

B♭m7♭5

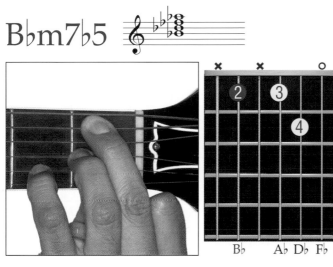

Bb Ab Db Fb

Bb Ab Db Fb — VI

B♭°7

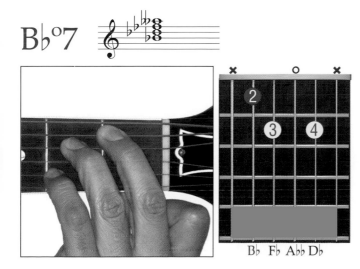

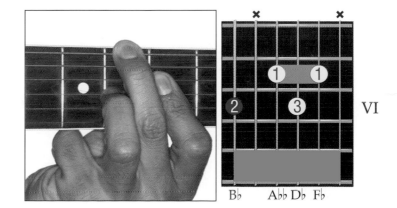

Bb Fb Abb Db

Bb Abb Db Fb — VI

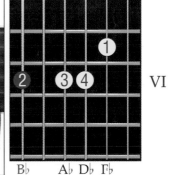

B♭
A♯

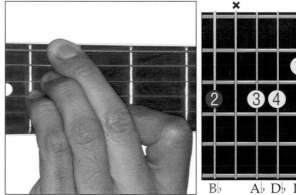

Bb7

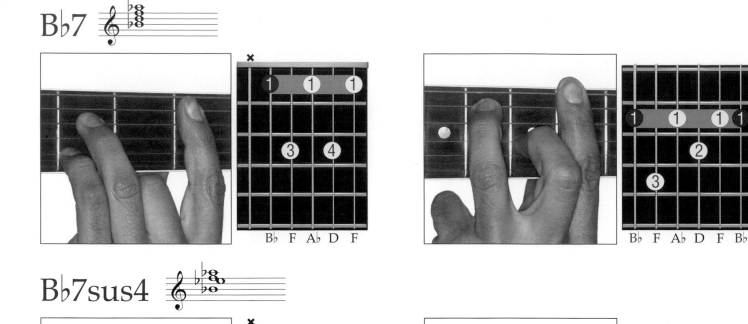

Bb F Ab D F

Bb F Ab D F Bb   VI

Bb7sus4

Bb F Ab Eb F

Bb F Ab Eb F Bb   VI

Bb9

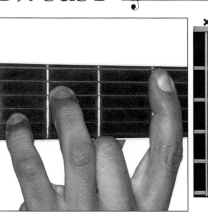

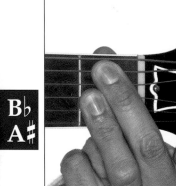

Bb D Ab C F

Bb F Ab D F C   VI

Bb9sus4

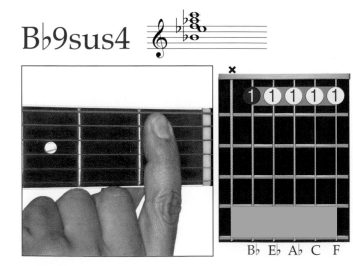

Bb Eb Ab C F

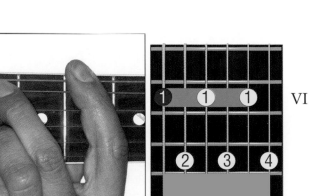

Bb F Ab Eb F C   VI

Bb
A♯

B

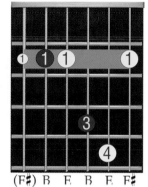

(F#) B F# B D# F

B F# B D# F# B · VII

Bsus4

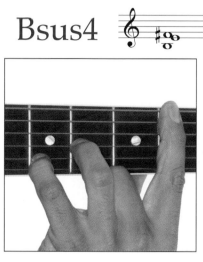

(F#) B E B E F#

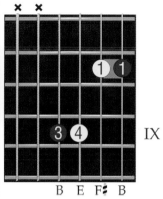

B E F# B · IX

B6

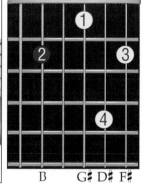

B G# D# F#

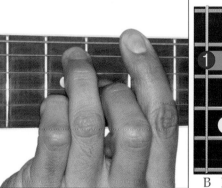

B F# D# G# B · VII

B⁶⁹

B D# G# C# F#

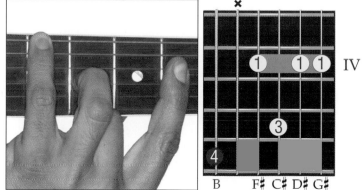

B F# C# D# G# · IV

B

Bmaj7

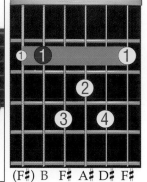

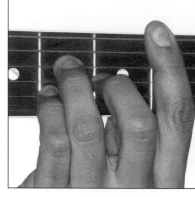

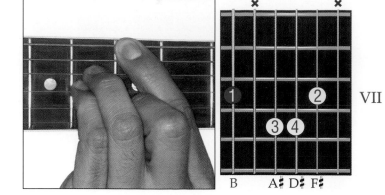

(F#) B F# A# D# F#

B A# D# F# — VII

Bm

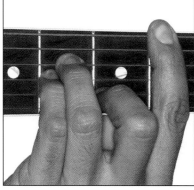

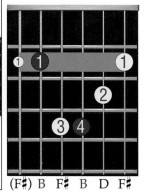

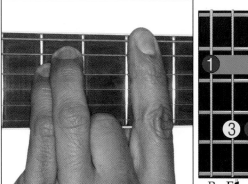

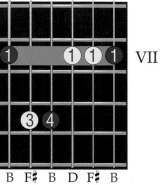

(F#) B F# B D F#

B F# B D F# B — VII

Bm6

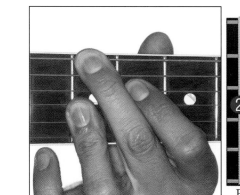

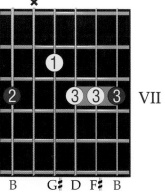

B F# G# D

B G# D F# B — VII

Bm7

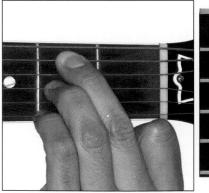

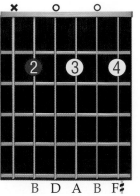

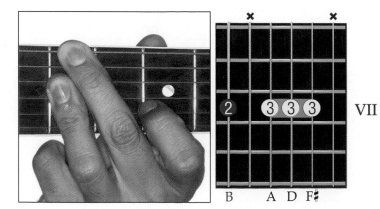

B D A B F#

B A D F# — VII

B

Bm(maj7)

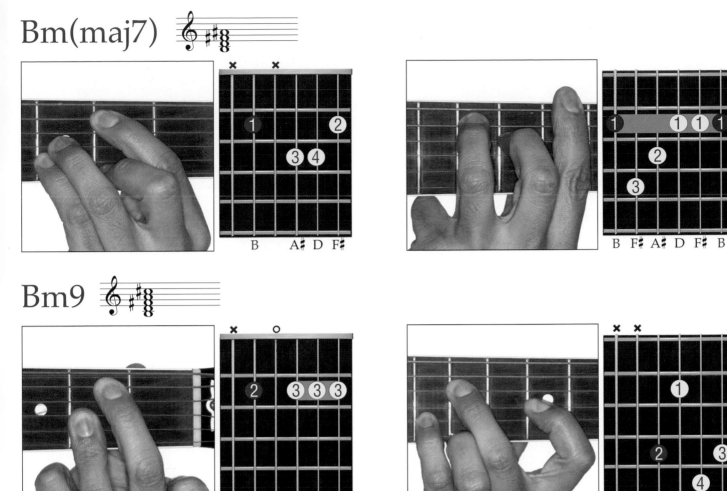

B A# D F#

B F# A# D F# B VII

Bm9

B D A C# F#

B D A C# IX

Bm7♭5

B F A D

B A D F VII

B°7

B F A♭ D

B A♭ D F VII

B

B7

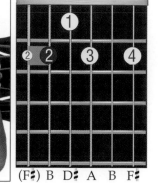

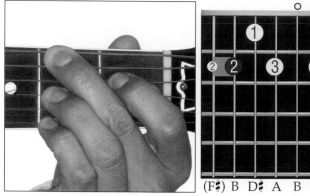

(F#) B D# A B F#

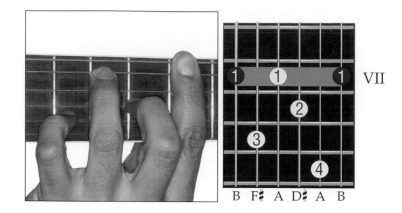

B F# A D# A B — VII

B7sus4

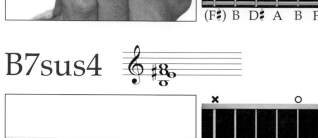

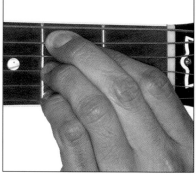

B E A B F#

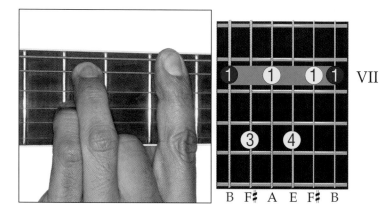

B F# A E F# B — VII

B9

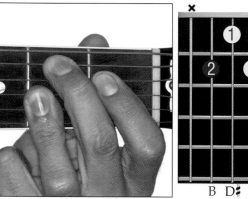

B D# A C# F#

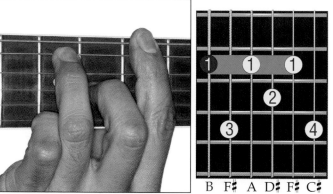

B F# A D# F# C# — VII

B9sus4

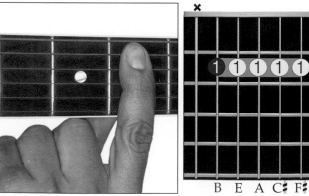

B E A C# F#

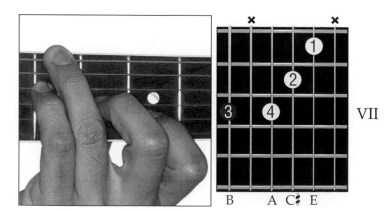

B A C# E — VII

major

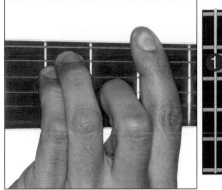 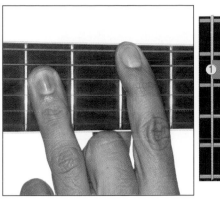 

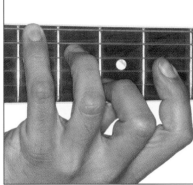 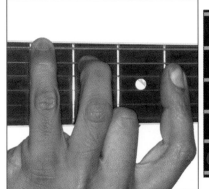 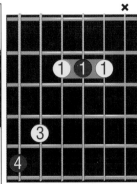

sus4

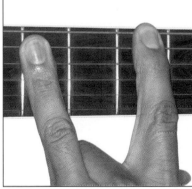  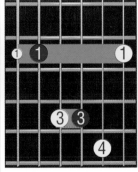

6

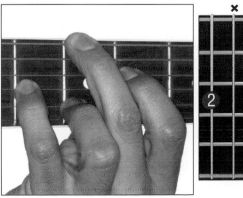 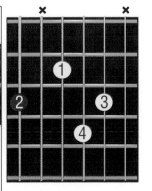 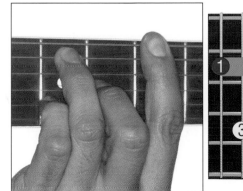 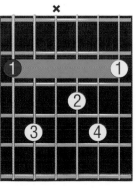

6 (cont'd)

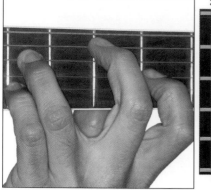
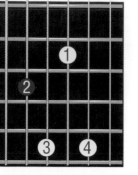
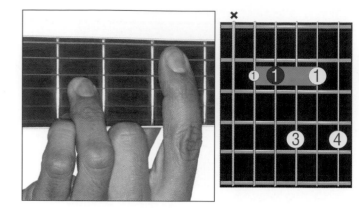

6/9

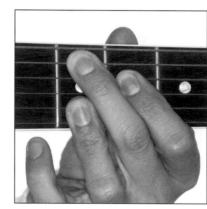

maj7

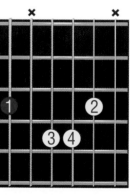

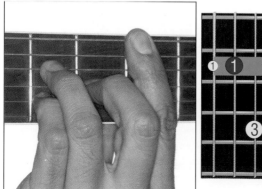
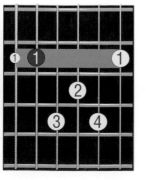
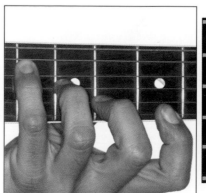
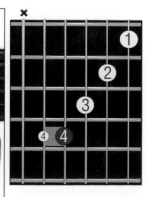

minor

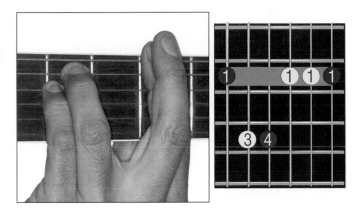
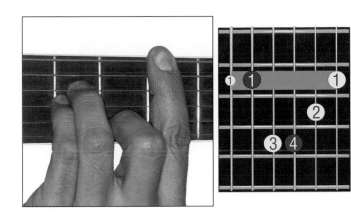

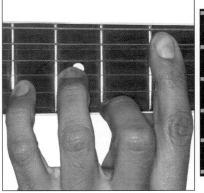
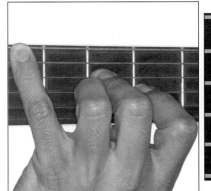

m6

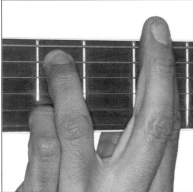
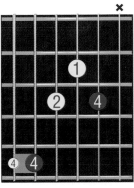

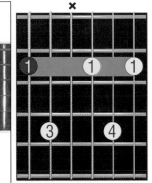

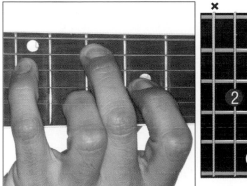
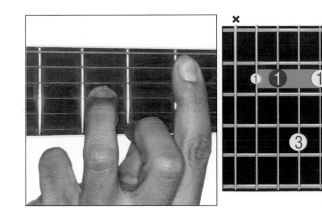

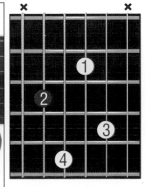
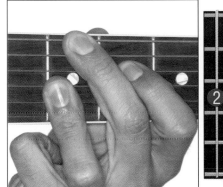

m7

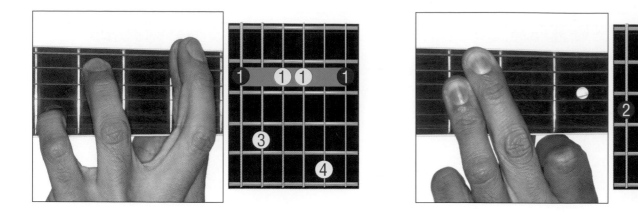

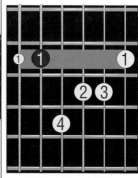

m(maj7)

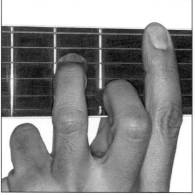

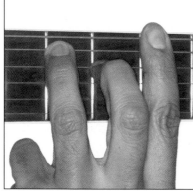

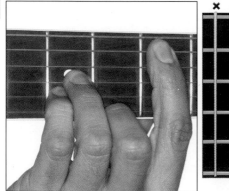

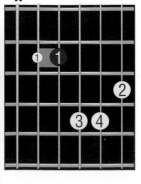

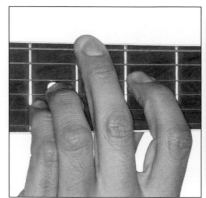

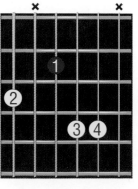

m9

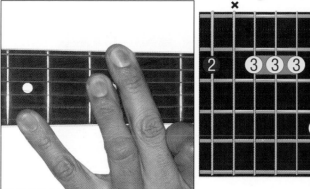 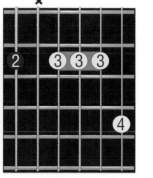

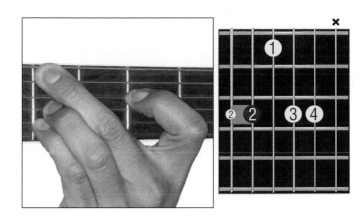

m7♭5

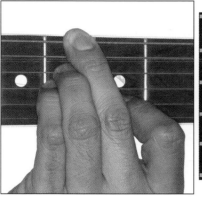

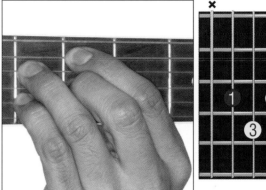 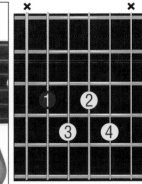

m7♭5

 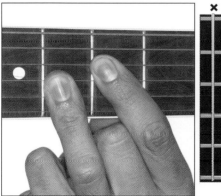

°7 *

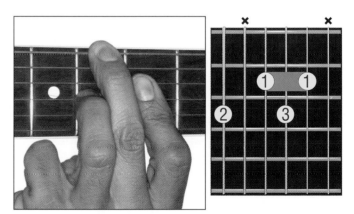

°7 *

 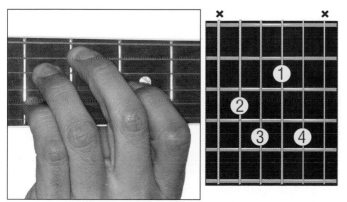

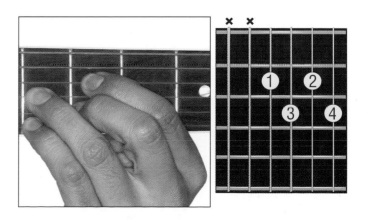

* *Any note of the chord may be the root of the °7.*

7

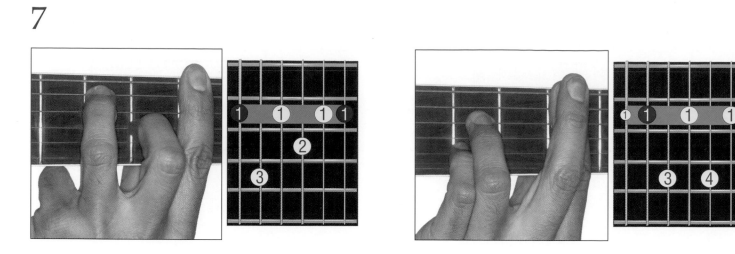

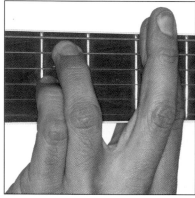

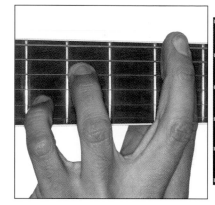

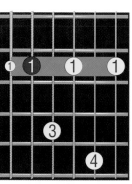

7sus4

9

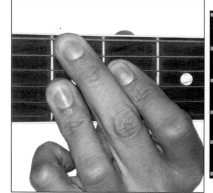

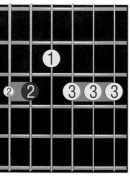

9sus4

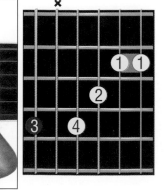

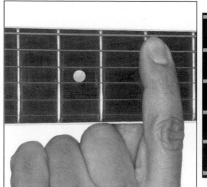